# PROBLÈMES

## D'HISTOIRE ECCLÉSIASTIQUE

100 exemplaires sur papier ordinaire.
10      —        sur papier de Hollande.

# PROBLÈMES

## D'HISTOIRE ECCLÉSIASTIQUE

### CONCERNANT AVIGNON
### ET LE COMTAT-VENAISSIN

AVEC LEUR SOLUTION ET LES PREUVES

Par l'abbé J.-H. ALBANÈS

Docteur en théologie et en droit canonique.

AVIGNON

SEGUIN FRÈRES, IMPRIMEURS-ÉDITEURS

13, rue Bouquerie, 13

—

1885

# PROBLÈMES

## D'HISTOIRE ECCLÉSIASTIQUE

CONCERNANT AVIGNON ET LE COMTAT-VENAISSIN

Quand on a défini l'histoire : le récit des faits et des événements accomplis dans le passé, on a, sans doute, voulu parler de l'histoire telle qu'elle devrait être, mais non assurément de l'histoire telle qu'on l'a faite presque jusqu'ici. Il semble qu'il y ait eu une conspiration universelle contre la vérité, tellement la plupart de nos livres historiques sont remplis de faits controuvés et de récits opposés à la réalité. Peu d'auteurs sont à l'abri du reproche d'inexatitude, le plus grave, en définitive, qu'on puisse adresser à un historien. Les uns par passion et de parti-pris, les autres par ignorance, d'autres enfin par incurie et légèreté, ont tellement dénaturé dans leurs ouvrages les choses qu'ils racontent, qu'il est presque impossible de discerner le vrai du faux, sans de très grands efforts et de longues recherches. Il ne faut rien moins, pour cela, que refaire l'étude qu'ils ont faite, qu'ils ont si mal faite ; et souvent, quand on arrive à découvrir la vérité, elle est au pôle opposé à celui où ils ont prétendu la mettre.

Si le défaut que nous signalons ne se rencontrait que chez des écrivains sans valeur, le mal ne serait pas grand ; il suffirait de classer leurs livres parmi ceux des romanciers, et de les regarder comme des œuvres de pure imagination. Malheureusement, la contagion a atteint un bon nombre d'auteurs estimables, de ceux dont on n'a pas appris à se défier et que l'on est porté à croire sur parole. Nos grands ouvrages d'érudition eux-mêmes, ces immenses réservoirs où chacun va puiser avec confiance la dose de savoir dont il a besoin, et qu'il n'a pas le temps d'aller prendre à la source, sont loin d'être exempts du reproche d'avoir fréquemment mêlé l'erreur avec la vérité, et de ne pas fournir à ceux qui y recourent l'eau pure et limpide qu'ils pensent y trouver. Ici, le danger est considérable, parce que ces livres jouent dans les travaux de l'esprit un rôle si important qu'ils s'imposent en quelque sorte, et que l'erreur qui a acquis droit de cité chez eux est aussitôt admise partout, sans autre garantie que leur puissant patronage.

Nous nous dispenserons de citer ici les mauvais tours que les fausses données fournies par des livres estimés de tous ont joués à des écrivains distingués, à des membres de l'Institut, à des savants de premier ordre. Bornons-nous à montrer, par quelques exemples frappants, comment le faux est devenu le vrai, à raison de l'autorité de ceux qui le donnaient pour tel, et comment il a été accepté universellement, sans que jamais personne ait songé à lui demander ses titres.

Nous restons sur le terrain de l'histoire ecclésiastique, la seule qui nous soit un peu connue. Sur tout autre sujet, nous reconnaissons volontiers notre incompétence ; mais ceux qui voudront faire, sur les matières que nous ne cherchons pas à aborder, les mêmes expériences que nous tentons aujourd'hui sur celle-ci, arriveront certainement aux mêmes résultats que nous allons enregistrer dans ce Mémoire.

Nous posons donc, comme problèmes à résoudre, les points d'histoire suivants, qui sont regardés par tous comme indiscutables ; et, après avoir constaté l'accord unanime de nos historiens à les admettre, nous démontrerons que l'erreur est formelle, complète et évidente.

## I

### Guillaume d'Astre, évêque d'Apt, a-t-il été ensuite évêque de Périgueux ?

Tous ceux qui ont écrit l'histoire de l'église d'Apt et celle de Périgueux nous racontent que Guillaume d'Astre, ou Astier, comme ils l'appellent, fut successivement évêque d'Apt et de Périgueux, et mourut sur ce dernier siège. Ainsi parlent tous les historiens d'Apt, ayant à leur tête le *Gallia Christiana*, qui est très explicite sur ce fait (1). « Guillaume « Astier, dit l'abbé Boze, quitta l'évêché d'Apt en 1340, pour « passer à celui de Périgueux, qui lui fut conféré par « Benoît XII, avec des éloges qui prouvent combien ce pape « faisait cas de son mérite (2). » Nous ne citerons pas l'histoire manuscrite de Remerville de Saint-Quentin, dont chacun sait que le livre de l'abbé Boze n'est que le résumé ; mais nous rapporterons le témoignage des trois derniers écrivains qui, de nos jours, se sont occupés de ce sujet ; nous connaîtrons ainsi l'état de la question à l'époque la plus voisine de nous.

C'est d'abord l'abbé Granget, dont voici les propres paroles : « Après avoir gouverné l'église d'Apt pendant neuf ans, « Guillaume Astier fut transféré à celle de Périgueux « (1340) (3). » Après lui vient le R. P. Gams, qui dans son grand et bel ouvrage sur tous les évêchés du monde chrétien,

(1) Guillelmus Asterius... transfertur ad ecclesiam Petragoricensem, bullâ Benedicti papæ XII, datâ kalendis octobris, anno 7 ejus pontificatus, qui est Christi 1340. *Gallia Christ.*, t. I, col. 363.

(2) *Histoire de l'église d'Apt*, par M. l'abbé Boze. Apt, 1820, p. 171.

(3) *Histoire du diocèse d'Avignon*, par l'abbé Granget. Avignon, 1862, t. I, p. 495.

mentionne l'épiscopat à Apt de notre Guillaume, et le fait transférer à Périgueux le 1ᵉʳ octobre 1340 (1). Enfin, l'auteur de l'*Armorial des évêques d'Apt*, d'accord avec tous ceux qui l'ont précédé, est aussi d'avis que « Benoît XII le « transféra ensuite, en 1341, à l'évêché de Périgueux, où il « mourut vers 1347 (2). »

Ce que les Aptésiens ont affirmé avec une telle unanimité, les Périgourdins l'ont accepté aussi avec une grande bonne foi, et pour eux, il n'y a pas de doute que Guillaume d'Astre n'ait été leur évêque. Le *Gallia Christiana* a répété avec encore plus d'assurance, dans l'article consacré à Périgueux, ce qu'il avait dit à Apt, toujours avec la même erreur de comput, qui fait correspondre la septième année du pontificat de Benoît XII avec 1340, tandis qu'elle tombe en 1341 (3). Son autorité a tellement prévalu que personne, à notre connaissance, n'a contesté ce fait; et quand le P. Gams en est venu à étudier la liste des évêques de Périgueux, il a dû une seconde fois s'incliner devant la croyance générale, et placer Guillaume, comme s'il y avait droit, parmi les prélats de ladite église (4).

Nous connaissons quelque chose de plus étonnant encore. La grande histoire de l'ordre des Frères Mineurs, auquel Guillaume d'Astre a appartenu, et qui nous a habitués à plus

(1) 1332, 12, VI. Guilielm. Astier (Asterus) O. S. Fr. transl. Petricor. I, X, 1340. *Series episcoporum ecclesiæ catholicæ.* Edidit Pius Bonif. Gams. Ratisbonæ, 1873, in-4°, p. 472.

(2) *Les Évêques d'Apt*, leurs blasons et leurs familles, par M. Jules Terris, Avignon, 1877, in-4°, p. 72.

(3) Guillelmus Astio seu Asterius, primum ordinis Minorum asceta, dehinc Aptensis episcopus anno 1332, tandem Petrocorensis præsul fit bulla Benedicti XII, data calendis octobris, 7 ejus pontificatus anno, qui est Christi 1340. *Gallia Christ.* t. II, col. 1478.

(4) 1340, tr. Apt. Guilielm. Aste (d'Astier, Astra) O. S. Fr. ✝ 1346. Gams. *Series episcoporum*, p. 598, Périgueux.

d'exactitude, n'a pas hésité à s'attribuer, comme franciscain, l'évêque Guillaume qui gouverna l'église de Périgueux de 1341 à 1347. Elle raconte comment il passa du siège d'Apt à ce dernier siège, donne les premiers mots de la bulle qui fit ce changement, et plus loin le texte même de cette pièce (1). Elle n'a oublié qu'une chose, c'est de s'assurer que ce document, qui est très authentique, appartient réellement à Guillaume d'Astre, que la translation dont il y est question s'applique à lui, et que l'évêque transféré d'Apt à Périgueux le 1er octobre 1341, est bien l'évêque franciscain promu à Apt le 12 juin 1332.

Et comment la bulle de 1341 pourrait-elle concerner Guillaume d'Astre ? Pour qu'un évêque puisse changer de siège, la première condition est qu'il soit en vie, et Guillaume était mort depuis plus de cinq ans ! Ceux qui ont copié dans les registres pontificaux l'acte de sa prétendue translation n'y ont pas vu les actes nombreux qui constatent sa mort, et la nomination de son successeur, qui siégea à Apt durant cinq ans, avant d'être appelé à un nouveau poste. C'est à celui-ci, et non à son prédécesseur, que se rapporte la bulle citée dans Wadding ; pour le démontrer de manière qu'il ne reste plus rien des assertions hasardées de cet auteur, il n'y a qu'à exposer quelle fut en réalité, à cette époque, la succession des évêques d'Apt, gravement altérée par tous les historiens, sans exception.

De 1332 à 1342, l'église d'Apt eut à sa tête, l'un après l'autre, trois évêques du nom de Guillaume, aux dates précises et dans l'ordre qui suivent. Le 12 juin 1332 eut lieu la nomination de Guillaume d'Astre, qui était franciscain et inquisiteur

---

(1) Episcopus Petragoricensis, sub archiepiscopo Burdigalensi, per obitum Raymundi, frater Guillelmus Astae, prius episcopus Aptensis. *Credite nobis Dispensationis.* Kalendis octobris. *Annales Minorum.* Edit. II, t. VII, p. 216 et 490.

de la foi dans le Comtat-Venaissin et les pays voisins. Nous croyons inutile de publier ses provisions, que nous avons devant les yeux ; la difficulté ne portant point là dessus, il suffit que nous en citions ce qui nous garantit, avec la date, le nom du prélat et ses qualités (1). Le 26 juin 1334, Guillaume obtint la permission de faire ses dispositions testamentaires ; et bien que cette pièce n'ait pas une grande importance, nous la reproduisons (2), parce qu'elle indique sa profession religieuse, et qu'on pourra la comparer avec une pièce identique accordée à son successeur, dont on verra les différences. Guillaume mourut avant le 8 octobre 1336 ; nous avons, de ce jour-là, deux bulles de Benoît XII qui mentionnent expressément sa mort, et défendent au chapitre d'Apt et à l'archevêque d'Aix de s'occuper du remplacement de l'évêque défunt, que le pape s'était réservé à lui-même (3).

Le successeur de Guillaume d'Astre fut Guillaume Audibert. Celui-ci n'était pas religieux, mais ecclésiastique séculier, chapelain du pape et docteur dans les deux droits. Nous connaissons les emplois par lesquels il passa avant d'arriver à l'épiscopat ; chargé d'abord, dans le diocèse de Narbonne, de deux paroisses désignées dans l'acte du 11 juillet qui va suivre, il fut fait chanoine de Périgueux, le 10 janvier 1335 (4). Le 3 avril suivant, Benoît XII lui confia l'adminis-

(1) Dilecto filio Guillelmo Astre, electo Aptensi. Supreme dignitatis... demum ad te ordinis fratrum minorum professorem, inquisitorem heretice pravitatis... Datum Avinione, II. idus junii, anno XVI. *Arch. Vat.*, Reg. 102, ep. 1086.

(2) Pièces just., n° 1.

(3) Pièces justif., n° 2.

(4) Dilecto filio magistro Guillelmo Audeberti, canonico Petragoricensi, capellano nostro, utriusque juris professori, salutem. Litterarum scientia... Datum Avinione, IIII. idus januarii, anno I. *Arch. Vat.*, Reg. 119. (Ben. XII. Comm. an I, p. 1.) ep. 79.

tration de l'église d'Avignon, qui n'avait point d'évêque (1),
et lui donna, le 11 juillet de la même année, la prévôté de
Saint-Pierre d'Aire, au diocèse de Térouane. Ce dernier
titre, qui reviendra dans ses bulles, sert à identifier parfaitement ce personnage; c'est pourquoi nous en imprimerons
le texte tout au long (2), pour qu'il ne reste ni incertitude, ni
obscurité, dans les faits que nous racontons.

En 1336, le pape jugea opportun de donner un évêque à
Avignon, qui n'en avait point eu durant tout le pontificat de
Jean XXII; et dans le courant de ladite année, l'évêché d'Apt
étant venu à vaquer par la mort de Guillaume d'Astre, ainsi
que nous l'avons précédemment constaté, il y nomma à sa
place Guillaume Audibert. Les provisions de celui-ci sont
du 3 décembre 1336; on peut les lire ci-dessous (3), et s'assurer ainsi de la réalité du changement de personnes qui eut
lieu à cette époque dans l'église d'Apt. Cette mutation est
confirmée, du reste, par la consécration épiscopale du nouvel évêque, qui fut faite par Annibal de Ceccano, évêque de
Tusculum (4), et dont nous avons le certificat, daté du
1er mars 1337; elle l'est encore par l'autorisation de tester,
que le prélat obtint deux ans après (5), et dans laquelle il
n'est plus dit, comme dans la précédente, qu'il eût appartenu
à un ordre religieux.

Ces faits et ces dates étant rigoureusement établis, il est

(1) Dilecto filio magistro Guillelmo Audeberti, canonico Petragoricensi
vicario generali ecclesie Avinionensis, in spiritualibus et temporalibus,
auctoritate apostolica deputato, salutem. Dudum fel. rec. Johannes
papa XXII... Datum Avinione, III. nonas aprilis, anno I. *Ibid.*, ep. 13.
*De curia.*

(2) Pièces justif. n° 3.

(3) Pièces justif. n° 4.

(4) Pièces justif. n° 5.

(5) Pièces justif. n° 6.

matériellement certain que tout ce qui a pu, à une date postérieure, être dit ou fait touchant un évêque d'Apt, se rapporte nécessairement à Guillaume Audibert. Lors donc que nous rencontrons, le 1ᵉʳ octobre 1341, une bulle qui transfère à l'évêché de Périgueux l'évêque Guillaume qui siégeait à Apt (1), il est de toute évidence qu'il ne peut être question d'un autre que lui. C'est pourtant cette même pièce dont on s'est servi, en la datant à tort de 1340, pour mettre en avant l'épiscopat supposé de Guillaume d'Astre à Périgueux. Il est acquis que c'est là un fait controuvé, et dont la fausseté crève les yeux.

Guillaume Audibert fut remplacé à Apt par Guillaume Amici, dont les bulles sont du 3 octobre 1341 (2). Celui-ci ne tint le siège d'Apt que pendant un an ; le 7 octobre 1342, il passa à l'évêché de Chartres (3), et sept ans après, il fut fait patriarche de Jérusalem et administrateur de l'église de Fréjus (4). Il y a donc une nouvelle erreur à corriger dans plusieurs historiens, qui ont changé l'ordre d'avènement des prélats aptésiens, et placé Guillaume Amici avant Guillaume Audibert. Ceci n'est pas soutenable, et les documents que nous avons cités suffisent, nous l'espérons, pour remettre chacun à sa place.

En résumé, des trois Guillaumes, dont nous connaissons maintenant les noms et les actes, un seul est mort sur son siège d'Apt : c'est justement celui que les historiens périgourdins ont choisi pour en faire leur évêque.

(1) Pièces justif., n° 7.
(2) Arch. Vat. Reg. 129. fol. 250.
(3) Ibid. Reg. 152, fol. 145 v°
(4) Ibid. Reg. 188, fol. 97.

## II

### *Jean Flandrin a-t-il été évêque de Carpentras?*

Jean Flandrin n'a été évêque de Carpentras, ni en 1365, ni en 1371, comme on l'a soutenu, ni à aucune autre époque ; nous n'aurons pas de peine à établir ce fait historique, de façon à ne laisser pas même l'ombre d'un doute. Quand nous aurons fait cette démonstration, convaincante et décisive, il ne restera plus pour nos lecteurs qu'une seule difficulté : c'est de comprendre comment, en présence d'une chose si évidente, l'universalité de nos historiens, jusqu'aux plus récents, a pu inventer, accréditer et affirmer, à qui mieux mieux, un épiscopat qui n'a pas le moindre fondement. Nous n'allons pas recommencer ici les citations d'auteurs que nous avons faites à l'article précédent, parce qu'il n'y a qu'à ouvrir les livres qui ont eu à parler de cela, pour y voir que tous nous donnent Jean Flandrin comme évêque de Carpentras.

Or, nous avons trois genres de preuves, dont chacune est péremptoire, pour établir que ce prélat ne siégea point dans la capitale du Comtat. La première est l'absence complète de témoignages et de documents antiques sur lesquels on puisse établir son épiscopat. Il n'existe aucun acte contemporain, aucun auteur ancien qui en fasse mention : on n'a jamais pu en citer un seul, et nous n'en avons jamais rencontré aucun. Cet épiscopat prétendu n'a donc pour lui que des écrivains modernes, dont le premier s'est trompé et a trompé tous les autres, qui se sont répétés mot à mot. Mais leur témoignage n'a aucune valeur pour attester ce qui a eu lieu si longtemps avant eux, et que leurs devanciers ont ignoré. L'historien ne fait autorité que pour les choses qu'il sait par lui-même ou qu'il a apprises de ceux qui les ont vues. Pour celles qu'il tire de son imagination, ses assertions ne comptent pas. Aussi, n'eussions-nous que cet argument, nous aurions le droit de dire à nos adversaires : Prouvez donc ce que vous affirmez ; et de leur opposer le proverbe : *Quod gratis asseritur, gratis negatur.*

Notre seconde preuve nous est fournie par la succession des évêques de Carpentras, clairement déterminée par les bulles des souverains pontifes qui les nommèrent, laquelle ne laisse aucun vide où l'on puisse glisser le nom de Jean Flandrin. Les partisans de celui-ci le font arriver à Carpentras en 1371, et lui donnent généralement trois ans d'épiscopat (1). Ils sont ensuite fort embarrassés de sa personne, ne pouvant ni continuer à le laisser sur un siège qui était indubitablement occupé par un autre, ni le transférer à une autre église qui, elle aussi, avait alors un titulaire certain, et où il n'arriva que plusieurs années plus tard. Ils se contentent donc de le faire disparaître pendant quelque temps, et disent qu'on perd sa trace durant cinq ans, pensant ainsi obvier à toutes les difficultés. Nous verrons sous peu que jamais sa trace ne fut perdue, et que cette excuse ne remédie en aucune manière aux embarras inextricables que l'ont s'est créés en inscrivant son nom sur une liste où il ne doit pas paraître. En attendant, nous prouvons qu'il ne put pas être évêque de Carpentras de 1371 à 1374.

Jean Roger, qui, pour tout le monde à peu près, et pour nous aussi, siégea dans cette église de 1357 à 1371, et dont on a voulu faire le prédécesseur de Jean Flandrin, fut transféré à l'archevêché d'Auch le 27 juin 1371 (2). Après son

---

(1) Néanmoins, le *Gallia Christiana* fait Jean Flandrin évêque de Carpentras dès 1365, en remplacement de Jean Roger ; mais à l'article des archevêques d'Auch, il prouve que celui-ci ne put aller à Auch qu'en 1371, son prédécesseur n'étant mort qu'au mois de juin 1371. Comprenne qui pourra !

(2) Arch. Vat. Greg. XI, t. III, fol. 57.

départ, l'évêché de Carpentras vaqua bien peu de temps, car dès le 4 juillet le pape y nomma Guillaume de l'Estrange. Nous pourrions citer tout au long les bulles de ces deux prélats, que nous avons en notre possession; mais les premières ayant moins d'importance, et étant, d'ailleurs, suppléées par les secondes, nous nous contentons de faire imprimer celles-ci (1). Ce document établit que Guillaume fut fait évêque de Carpentras huit jours après la translation de Jean Roger, et donne par conséquent l'exclusion à Jean Flandrin comme successeur de Roger. D'autre part, Guillaume de l'Estrange ayant occupé son siège jusqu'au 22 décembre 1375, jour où Grégoire XI le fit archevêque de Rouen (2), il n'est pas possible d'admettre que Jean Flandrin ait eu, antérieurement à cette dernière date, l'évêché dont celui était titulaire. La chose n'est pas moins impossible après que Guillaume fut parti pour Rouen; parce que le 9 janvier 1376, c'est-à-dire dix-huit jours après, Carpentras eut un nouvel évêque en la personne de Pierre Laplotte, dont l'épiscopat ne prit fin que le 5 novembre 1397 (3). Nous produisons intégralement les bulles de ce dernier (4) pour qu'il soit invinciblement établi que Pierre Laplotte succéda immédiatement à Guillaume de l'Estrange, lequel avait remplacé sans intervalle Jean Roger, et q'ainsi à aucun moment il n'y eut de place pour Jean Flandrin sur le siège de Carpentras. A moins de soutenir que cette ville eut deux évêques à la fois, il faut donc renoncer à mettre celui-ci au rang de ses prélats et l'effacer du catalogue.

Nous tirons la troisième preuve de la proposition que nous soutenons de la carrière parcourue par Jean Flandrin,

(1) Pièces just., n° 8.
(2) Arch. Vat. Greg. XI, t. XXVI, fol. 61.
(3) Ibid. Reg. 312, fol. 6.
(4) Pièces justif. n° 9.

et des titres et qualités qu'il avait lorsqu'il parvint à l'épiscopat. S'il avait été, ne fût-ce qu'en passant, évêque de Carpentras, il ne nous serait pas donné de le trouver encore
simple prêtre, moins que cela, diacre, et peut-être sous-
diacre (1), lorsque, quelques années après, il fut nommé archevêque d'Auch. C'est pourtant ce que nous allons constater, au risque de déranger les combinaisons de ceux qui ont
suivi un système opposé au nôtre, qui n'est pas seulement
dépourvu de toute base historique, mais contre lequel protestent tous les documents connus.

Jean Flandrin, chacun le sait, était d'origine vivaroise, et
frère du cardinal Pierre Flandrin. En 1378, après l'élection
du pape Urbain VI, le cardinal s'efforça de faire donner à
son frère l'évêché de Marseille (2); mais il ne put l'emporter sur Aimar de la Voute, qui en fut pourvu. Il fut plus
heureux l'année suivante auprès de Clément VII, qui, le 24
janvier 1379, ayant transféré l'archevêque d'Arles à Toulouse, promut Jean Flandrin à cet archevêché, le premier de
la Provence. Nous tenons à mettre sous les yeux du lecteur
la partie essentielle des bulles qu'il reçut alors (3), où rien
n'indique quelqu'un qui fût déjà évêque. D'ailleurs, ces bulles
n'eurent pas de résultat utile pour Jean Flandrin, qui n'obtint
point l'église d'Arles, parce que le titulaire n'accepta pas sa

(1) La bulle de nomination de Jean Flandrin à l'archevêché d'Arles dit
qu'en ce moment il était diacre; celle qui lui donne l'archevêché d'Auch
le dit sous-diacre. Par mégarde, on aura omis le mot *sub* dans la première,
ou on l'aura ajouté dans l'autre.

(2) Fratrem habuit nomine Johannem, quem in initiis pontificatûs Urbani volebat evehere ad episcopatum Massiliensem, ut patet ex depositione
Thomæ, episcopi Lucerini. *Baluze, Vitæ Pap. Aven.* t. I, *col.* 1112.

(3) Dilecto filio Johanni, electo Arelatensi, salutem etc. Apostolatus
officium... Sane, ecclesia Arelatensi ex eo pastoris solatio destituta......
nos demum ad te decanum ecclesie Laudunensis, in diaconatus ordine
constitutum.... direximus aciem nostre mentis...., Datum Fundis, VIII.
kalendas februarii anno primo. *Arch. Vat. Clement. VII,* t. xv, fol 414 v°.

translation. Il lui fallut attendre encore quatre mois, et ce ne fut que le 20 mai 1379 qu'il fut définitivement nommé à l'archevêché d'Auch (1). Le texte de ses nouvelles bulles, qu'on verra ci-dessous, met à néant toutes les suppositions des partisans de son épiscopat à Carpentras, et les récits erronés du *Gallia Christiana*, qui le fait élire en 1371 à Auch, où pourtant, dit-il, il n'arriva qu'en 1379 (2). Jean Flandrin ne fut pas élu, mais nommé directement par Clément VII ; il ne fut pas transféré d'une église à une autre, mais promu pour la première fois à un siége épiscopal, n'étant encore que dans les ordres inférieurs, et n'ayant d'autres titres que celui de doyen de Laon et de docteur en droit.

Cette fois-ci, son élévation à l'épiscopat fut définitive, et la consécration épiscopale lui fut donnée à Avignon, le 18 décembre 1379, par le cardinal Anglic de Grimoard, évêque d'Albano, assisté des évêques de Condom, de Gap, de Senez et de Grasse (3). Le certificat authentique de ce sacre, que nous avons eu la bonne fortune de trouver, mérite, à notre avis, d'être livré à l'impression, car ces sortes d'actes se rencontrent bien rarement ; d'ailleurs, dans le cas présent, il a une importance plus qu'ordinaire, en fixant d'une manière irrévocable l'époque de l'arrivée de Jean Flandrin à la dignité épiscopale. Ceux qui l'y ont fait parvenir huit ans et quinze ans plus tôt se convaincront ainsi de l'erreur qu'ils ont commise, et l'on cessera enfin de surcharger la liste des évêques de Carpentras d'un nom qui y a été mis par une méprise inconcevable.

Plaise à Dieu que tous aient, à cet égard, la même bonne

---

(1) Pièces justif., n° 10.

(2) Il semblerait plus exact de faire dire au *Gallia Christiana*, en 1378, (*Gallia data 13 cal. junii, anno I sui pontificatus, seu anno 1378 ; t. I. col. 997*) ; mais il est certain qu'il y a là une nouvelle erreur de comput à sa charge, car l'année indiquée correspond à 1379.

(3) Pièces justif., n° 11.

foi que nous admirons dans Baluze. Le grand savant, trompé par d'autres, avait admis un moment l'épiscopat de Jean Flandrin, dont nous venons de montrer la fausseté (1) ; avant de mettre la dernière main à son volume, il eut soin d'avertir ses lecteurs de l'erreur où il était tombé, et voulut que les lignes qui la contenaient fussent effacées de son ouvrage (2). Ce procédé l'honore autant que sa science, et honorera tous ceux qui sauront l'imiter.

## III

### *Arnaud de Via a-t-il été évêque d'Avignon ?*

Si l'on s'en tient au dire des historiens, il n'y a pas de doute qu'Arnaud de Via a gouverné l'église d'Avignon après Jacques de Via, son frère ; tous le portent sur leurs listes, et aucun ne semble avoir soupçonné que la chose puisse souffrir quelque difficulté. Il en est tout autrement, si l'on s'en réfère aux chroniques et autres documents de l'époque ; on en arrive bientôt à cette conclusion, qui est la nôtre : Arnaud de Via n'a pas été évêque d'Avignon, et il n'a pas pu l'être.

En fait, il ne l'a jamais été. Les anciens chroniqueurs ne lui ont point donné ce titre, et ni Nouguier, ni le *Gallia Christiana*, ni Granget, ne peuvent suppléer, là-dessus, au silence des écrivains de son temps, qui auraient dû le connaître comme tel, si l'opinion nouvelle, qui a prévalu à une époque moderne, avait quelque fondement. Les actes contemporains se taisent également, et on n'en citerait pas un seul qui le dise évêque d'Avignon. Il est étrange, observe à ce propos le

(1) Iste fuit primum decanus Laudunensis, inde episcopus Carpentoractensis anno 1371, cum Joannes Rogerii translatus fuit ad ecclesiam Auxitanam. Deinde, etc. *Vitæ Pap. Aven.*, t. I, col. 1385.

(2) Col. 1385, dele lineam 30 et duas sequentes, usque ad vocem *Deinde...* Ibid, col. 1476.

*Gallia*, qu'on ait attribué à Arnaud de Via un si grand
nombre de faits, comme évêque de cette ville, lorsqu'on sait
que le pape, son oncle, se réserva cet évêché et le fit admi-
nistrer, sous ses ordres, par des vicaires amovibles, depuis
l'année 1318 jusqu'à sa mort (1). Il aurait été plus exact de
dire, depuis 1317, ainsi qu'on   constate facilement. Du
reste, les actes nombreux attribués à Arnaud ne changent
rien à l'état de la question, parce qu'il n'en est pas un qu'il
ait fait en qualité d'évêque, pas même la construction du
palais épiscopal d'Avignon. Cet édifice doit, en effet, son
origine à ce prélat, qui le fit faire pour lui servir de palais
cardinalice, et l'habita, étant cardinal, durant près de vingt
ans ; mais il ne devint la résidence des évêques d'Avignon
que bien des années après sa mort, en échange de l'ancienne
demeure épiscopale, englobée dans le Palais des Papes.

Il n'y a donc aucun document qui parle de son épiscopat,
et il en est qui le contredisent et le font rejeter. Le 26 avril
1336, Benoît XII nomma Jean de Cojordan à l'évêché
d'Avignon, qui avait été sans titulaire durant le long pontificat
de Jean XXII ; les bulles données au nouvel évêque disent
expressément que cet évêché était vacant depuis l'élévation
de Jacques de Via au cardinalat et depuis sa mort, qui avait
suivi de près (2). D'Arnaud de Via il n'est aucunement ques-

(1) Miramur tot huic episcopo facta tribui, nimirum ecclesiæ parochialis
S. Agricoli erectionem in collegiatam, ædes episcopales pretio compara-
tus..., quando constat Johannem papam minime passum esse Avenionensem ecclesiam episcopum habere alium præter se, ab anno 1315 ad 1331.
*Gall. Christ.*, t. I, 821.

(2) Dudum siquidem ecclesia Avinionensi vacante, pro eo quod felicis
recordationis Johannes papa XXII, predecessor noster, bone memorie Ja-
cobum tituli sanctorum Johannis et Pauli presbiterum cardinalem, *tunc
electum Avinionensem*, ad dignitatem cardinalatu assumpsit, quanquam pre-
fatus cardinalis, post assumptionem hujusmodi, *eamdem ecclesiam usque ad
ipsius obitum tenuerit* in spiritualibus et temporalibus a sede apostolica in
commendam, nos ad provisionem dicte Avinionensis ecclesie... Datum
Avinione, VI. kalendas maii, anno II. *Arch. Vat.*, Reg. 122. (Bened. XII,
Comm. an. II, p. 2.), ep. 4.

tion, alors que son frère est mentionné avec son double titre d'évêque élu et d'évêque commendataire.

Jacques de Via eut, en effet, successivement cette double qualité. Jamais il ne reçut la consécration épiscopale, comme l'établissent tous les actes de son épiscopat, où il porte constamment le titre d'*évêque élu*, et comme il résulte de la série de pièces que voici. Il fut fait évêque d'Avignon le 19 février 1313, en remplacement de son oncle devenu cardinal (1) ; il y a donc une erreur de trois ans dans Nouguier, qui place sa nomination en 1316. Clément V lui accorda presque aussitôt, le 5 mai 1313, un indult qui lui donnait un an pour se faire sacrer, en lui conservant, pendant ce temps, tous ses bénéfices et leurs revenus.

Le 29 mars 1314, une nouvelle bulle lui permit de différer son sacre de trois ans entiers (2). Il était, par suite, simple évêque élu, lorsque, peu de jours après, le pape Clément vint à mourir, et il l'était encore lorsque son oncle fut élevé au trône pontifical, qui avait vaqué deux ans et demi, sous le nom de Jean XXII. Celui-ci comprit son neveu dans la première création de cardinaux, qu'il fit le 17 décembre 1316 ; et l'historien contemporain qui nous fait connaître cette promotion, ne lui donne point d'autres titres que celui de neveu du pape et d'élu à l'évêché d'Avignon. Nous citons ce texte qui tranche la question (3).

D'après le droit, l'élévation de Jacques de Via au cardinalat rendait vacant le siège qu'il occupait ; mais le pape le

---

(1) *Arch. Vat.*, Reg. 60. (Clement. V, an. VIII), fol. 51, ep. 147.

(2) *Ibid.*, Reg. 61, epp. 195, 207.

(3) Hic fecit unam ordinationem octo cardinalium… XVI. kalendas januarii, anno Domini M.CCC.XVI… Item, dominus Jacobus de Via, de Caturco civitate, nepos papæ ex sorore, electus tunc Avenionensis, quem fecit presbyterum cardinalem tituli sanctorum Johannis et Pauli, et sibi episcopatum Avenionensem tenendum pariter commendavit. — Baluze, *Vitæ pap. Aven.*, t. I, col. 153. *Tertia vita Joh.* 22.

lui donna immédiatement en commende, comme le dit non
moins explicitement Bernard Guidonis, dans le passage que
nous avons rapporté. Pour que ce fait ne laisse aucune prise
à la critique, nous reproduirons toute la teneur des bulles qui
lui continuèrent l'administration de son ancien évêché (1).
Nouguier en a déjà fait mention ; mais, comme s'il se faisait
un devoir de ne jamais marquer une date exacte, il les dit du
23 avril 1317, tandis qu'elles sont du 20 décembre de l'année
précédente. Nous avons déjà vu par les provisions de Jean
de Cojordan, ci-dessus citées, que Jacques de Via garda son
évêché jusqu'à sa mort, *usque ad ipsius obitum* ; et il est
ainsi démontré, sans objection possible, qu'il fut évêque élu
d'Avignon trois ans et dix mois, et évêque commendataire
de la même ville durant six mois entiers. Pendant cet intervalle, il est de toute impossibilité qu'Arnaud de Via ait eu un
évêché dont son frère fut incontestablement en possession
jusqu'à son trépas. Faudrait-il croire qu'il l'a eu après lui ?

C'est l'opinion adoptée par Nouguier, d'après lequel
« Arnaud de Via prit le timon de l'église après la mort de
« son frère Jacques, et fut aussi tost créé cardinal par le pape
« Jean XXII, son oncle, le 20 juillet de la mesme année
« 1317. » Cette dernière date est fausse, et le fait principal
l'est tout autant. La mort de Jacques de Via, d'après plusieurs
des vies de Jean XXII, eut lieu en 1317, vers la Saint-Jean,
et la promotion d'Arnaud suivit dans les huit jours (2). Elle

(1) Pièces justif., n° 12.

(2) Eodem anno (1317), defuncto præfato domino Jacobo de Via cardinali, fecit cardinalem dominum Arnaldum de Via, germanum ejusdem, circa
festum sancti Johannis Baptistæ. — Baluz, *Vitæ pap. Aven.*, t. I, col. 135.
— Anno Domini 1317, circa festum sancti Johannis Baptistæ, fecit cardinalem diaconum sancti Eustachii dominum Arnaldum de Via, loco domini Jacobi de Via, germani, presbiteri cardinalis, qui octava die præce-
denti obierat. *Ibid.*, col. 154. — Post octo dies, in loco ipsius... fecit et
creavit in cardinalem Arnaldum de Via, germanum fratrem dicti Jacobi de
Via jam defuncti. *Ibid.*, col. 157.

2

se fit si rapidement, que les lettres du roi de France, demandant au pape de donner à ce dernier le cardinalat de son frère, arrivèrent trop tard, et le pape, dans sa réponse, dut lui faire savoir que ce qu'il avait souhaité et sollicité était déjà accompli (1). Mais Arnaud de Via n'eut qu'une partie de la succession de Jacques; s'il fut cardinal à sa place, il ne fut pas, comme lui, évêque d'Avignon. La semaine qui s'écoula avant sa nomination, faite sur les instances unanimes du Sacré-Collège, aurait à peine permis, en temps ordinaire, de le pourvoir de l'évêché délaissé. Dans les circonstances douloureuses où le Souverain Pontife avait perdu son premier neveu, ses préoccupations prirent une direction différente, et il se consola en donnant au second le chapeau qu'avait eu le frère de celui-ci.

De l'évêché d'Avignon il n'est fait mention aucune part, ni dans les promotions cardinalices, qui relatent avec tant de soin les titres des nouveaux élus, ni dans les registres des bulles, ni dans les historiens contemporains. Il arrive fréquemment de voir ceux-ci attribuer à des cardinaux des évêchés qu'ils n'avaient peut-être pas gardés trois jours, et qu'on leur avait donnés uniquement pour qu'ils en prissent le nom. Si tel était le cas d'Arnaud de Via, on l'aurait appelé le cardinal d'Avignon, et si, soit comme titulaire, soit comme élu, soit comme administrateur, il avait possédé cette église, il y en aurait des traces en quelque endroit; nous les retrouverions, comme nous avons retrouvé les pièces assez nombreuses qui parlent de son frère aîné.

Jamais on n'en a vu une seule où l'un de ces titres lui soit donné, par la raison toute simple qu'il n'a pas été évêque. Même en le faisant nommer le jour de la mort de Jacques de Via, il aurait eu tout juste une semaine d'épiscopat; et cette

(1) *Ibid.*, col. 738.

semaine, nous ne pouvons la lui accorder, par défaut de preuves, réelles ou apparentes. Il est certain, au contraire, que
Jean XXII commença, dès l'année 1317 (1), à tenir sous sa
main l'évêché d'Avignon, qu'il gouverna par des vicaires, et
qui n'eut plus d'évêques jusqu'en 1336.

## IV

*Vaison a-t-il eu pour évêque le cardinal Gotius de Rimini ?*

Tous les auteurs dont nous avons pu avoir connaissance
comptent le cardinal Gotius au nombre des évêques de Vaison (2), et le rangent sur le catalogue avant l'évêque Ratier,
qui gouverna cette église, en 1336. L'un nous apprend qu'il
fut premièrement évêque de Vaison et ensuite de Rimini (3),
deux choses également controuvées ; l'autre, « qu'il fut fait
« évêque de Vaison, en 1335, et qu'il gouverna cette église
« environ deux ans (4) ; » un autre enfin, presque de nos
jours, affirme encore qu'après Jean de Cojardan (sic) (lequel
ne fut jamais évêque de Vaison), et Bertrand III (qui est un
prélat imaginaire), « Goctius ou Gocio de Rimini... gouverna
« l'église de Vaison deux ans (5). »
Il y a pourtant deux siècles que Baluze, avec sa science

(1) Gasbertus de Valle... episcopatus Avinionensis in spiritualibus et
temporalibus vicarius generalis auctoritate apostolica deputatus. *Arch. de
l'archev.* Protoc. du not. Bertrand Laboratoris, 1317, fol. 163**. Acte du
30 déc. 1317.

(2) Columbi, Fantoni, *Gallia Christiana*, Boyer de Sainte-Marthe,
Granget, *Dict. de statistique religieuse*, etc.

(3) Gothius anno 1336 à Vasionensi sede ad Ariminensem traductus est.
*Gall. Christ.*, I, 929.

(4) *Histoire de l'église cathédrale de Vaison*, par le P. Boyer, 1731, p. 145.

(5) *Histoire du diocèse d'Avignon*, par l'abbé Granget, 1862, t. I, p. 470.

ordinaire, a élucidé et tranché cette question, et dénoncé l'erreur de ceux qui ont enrichi du nom de Gotius la liste des prélats vaisonnais (1). A quoi sert la critique historique, si des hommes de la trempe de Baluze ne parviennent pas à faire prévaloir leurs opinions, d'ailleurs certaines et fondées sur des preuves irréfutables ? Nous reprenons la thèse de ce savant, et nous montrerons avec encore plus d'évidence, à l'aide de quelques pièces qu'il n'a pas connues, l'absurdité du système opposé au sien, qui est par malheur le système universellement accepté.

Après avoir été auditeur du cardinal Guillaume Testa, qui le nomme dans son testament, daté de 1325, Gotius de Rimini, célèbre docteur en droit, fut fait chapelain pontifical le 9 janvier 1335. Il était alors chanoine de Ravenne, et c'est le seul titre qu'on lui donne dans son diplôme de nomination (2). Il en avait pourtant quelques autres, et si l'on désire les connaître, on les trouvera réunis dans une bulle postérieure de sept mois à la précédente (3). A cette seconde date, il avait déjà été promu à l'épiscopat ; mais, ni dans la bulle qui le fit patriarche de Constantinople, ni dans celle qui lui conservait ses bénéfices, on ne trouvera un mot pouvant permettre de supposer qu'il fût alors, à un titre quelconque, en possession d'un évêché, ou revêtu du caractère épiscopal. Il y est dit en termes formels qu'il était simple prêtre. De là nous tirons cette conclusion rigoureusement exacte que Gotius ne fut pas évêque de Vaison avant l'époque où il fut appelé au patriarchat de Constantinople, et que ceux qui l'ont fait d'abord évêque de cette ville, puis après patriarche, se sont trompés.

Les bulles qui élevèrent ce prélat à la dignité de patriarche

<hr>

(1) Errant qui putant Gotium fuisse episcopum Vasionensem. Baluz., *Vitæ pap. Aven.*, t. I, col. 811.

(2) Pièces justif., n° 13.

(3) Pièces justif., n° 15.

titulaire de Constantinople, sont du 14 juin 1335; nous les croyons encore inédites et nous les faisons imprimer (1). On pourrait être tenté de croire que Gotius put recevoir alors l'administration de l'évêché de Vaison ; et il y a, en effet, des exemples de ce cumul, à la même époque. Nous citerons, entre autres, Pierre de Casa, qui fut en même temps patriarche de Jérusalem et administrateur de Vaison, de 1342 à 1348; Guillaume Amici, aussi patriarche de Jérusalem et administrateur de Fréjus, de 1349 à 1361 ; Philippe de Cabassole, patriarche de Jérusalem et administrateur de Cavaillon, en 1361, puis de Marseille, en 1366. Mais deux choses empêchent d'admettre une supposition, qui est d'ailleurs sans fondements. Les susdits prélats prenaient dans leurs actes le titre des églises qui leur étaient confiées, de manière à se dire à la fois patriarches et évêques de telle ville, ce que ne fait pas Gotius dans les pièces que l'on a de lui. En outre, chacun d'eux avait reçu, après sa promotion patriarchale, une bulle expresse qui lui donnait à gouverner une église particulière ; et nous avons retrouvé dans les registres pontificaux, bien complets pour cette période de temps, les documents qui s'y rapportent. Tel n'est pas le cas du personnage en question, qui jamais ne se montre, dans un acte connu, comme ayant cumulé avec son titre patriarchal le gouvernement d'une autre église, et dont on chercherait en vain les provisions.

Il y a, du reste, à cette opinion tout à fait et purement hypothétique, une difficulté insurmontable, qui suffit pour l'écarter absolument. C'est que l'évêque de Vaison, Ratier, qui, d'après l'hypothèse et selon tous les partisans de l'épiscopat de Gotius, aurait succédé à celui-ci, fut en réalité le successeur de Raymond de Beaumont. Nous avons là la preuve définitive que, ni avant d'être patriarche de Constan-

_______________

(1) Pièces justif., n° 22.

tinople, ni pendant qu'il l'était, Gotius n'a pas pu être évêque de Vaison. Ajoutons qu'il ne le fut pas non plus quand il cessa d'être patriarche ; car alors, c'est-à-dire en 1338, il fut fait cardinal, et Vaison avait depuis deux ans un évêque certain, dont nous pouvons montrer les titres.

Raymond de Beaumont, que l'histoire officielle de son église (1) fait mourir en 1330, vivait certainement encore le 3 septembre 1334 ; c'est le jour où il obtenait du pape l'autorisation de disposer librement de ses biens par un acte de dernière volonté (2).

Il faut même lui accorder près de deux ans de vie de plus, car il ne fut remplacé sur son siège que le 24 avril 1336, et il n'est pas probable que Benoît XII ait laissé longtemps vacante une église si voisine d'Avignon. Quoi qu'il en soit, son successeur fut promu à la date que nous venons d'inscrire, et on lira dans ses bulles, que nous donnons (3), que lorsque Ratier fut appelé à la prélature, l'église de Vaison était privée d'évêque par la mort de Raymond. Sur Gotius, silence complet, et il faut renoncer à tout espoir de remettre sur pied son épiscopat à Vaison, qui jusqu'ici a passé auprès des auteurs du crû pour un fait acquis.

Nous allons indiquer avec quelque vraisemblance la première origine de cet épiscopat mal conçu. En 1338 et plus tard, Gotius, étant patriarche de Constantinople, puis cardinal, fut envoyé en Sicile et dans le royaume de Naples, en compagnie de Ratier, évêque de Vaison, en qualité de légat du Saint-Siège. Les actes et les procédures auxquelles les

(1) Boyer, *Hist. de l'église cathdr. de Vaison*, p. 143.

(2) Venerabili fratri Raymundo, episcopo Vasionensi, salutem. Qui presentis vite conditio, etc... Datum Avinione, III nonas septembris, anno decimo octavo. *Arch. Vat.* Reg. 106. (Johan. XXII, Comm. an. XVIII, p. 1.) ep. 1407.

(3) Pièces justif., n° 16.

légats durent se livrer, associent constamment les noms du patriarche, ou du cardinal, et de l'évêque, dont les pouvoirs étaient communs. On peut en voir un exemple dans Baluze, où précisément le nom propre de l'évêque de Vaison fait défaut (1). Il y a, il est vrai, des qualificatifs avec le signe du pluriel ; mais, soit précipitation, soit défaut d'advertance, soit manque de critique, quelqu'un se sera imaginé que Gotius et l'évêque de Vaison ne faisaient qu'une personne, et l'aura inscrit, pour cet unique motif, sur la liste des évêques de cette ville. Beaucoup d'erreurs historiques n'ont point d'autre origine qu'une méprise de ce genre, et l'épiscopat de Gotius n'a pas d'autre preuve.

Puisque nous en avons l'occasion, nous indiquerons, en terminant, le nom de famille de l'évêque Ratier, qui ne figure encore, croyons-nous, dans aucune histoire. Il se nommait *Ratier de Miremont*, comme nous l'avons lu dans plusieurs pièces des registres pontificaux (2). Chapelain du pape, archidiacre de Lautrec, il fut de plus en possession d'une partie des revenus de la paroisse d'Albenac, au diocèse de Rodez, et sacriste de l'église de Lectoure. Nous sommes heureux de déposer ces renseignements positifs et jusqu'ici inconnus, à la fin d'une page de critique où tout est négatif, pour qu'il reste au moins quelque chose de la discussion à laquelle il a fallu nous livrer.

(1) Sententias et poenas latas de mandato domini Benedicti papæ XII, per dominos Gotium, sanctæ Romanæ ecclesiæ cardinalem, et episcopum Vasionensem, sedis apostolicæ legatos. *Vitæ pap. Aven.*, t. I, col. 811.

(2) Per venerabilem fratrem nostrum Ratherium de Miromonte, episcopum Vasionensem, antequam per nos promotus fuisset ad Vasionensem ecclesiam. *Arch. Vat*, Reg. 122. (Ben. XII, Comm. an. II, p. 2), ep. 649, olim. 448.

## V

*Quel est l'évêque qui a siégé à Carpentras à partir de 1376?*

Le prélat qui a tenu le siège de Carpentras durant tout le dernier quart du XIV° siècle est si peu connu, et ce qu'on en a dit est si confus et si incertain, que tout à peu près reste à dire sur son compte. On sait qu'il s'appelait Pierre. Mais son identité, son nom de famille, ses antécédents, ses actes, sa fin, sont demeurés jusqu'à ce jour dans l'obscurité la plus profonde. Nous entreprenons de faire sur tout cela le jour le plus complet, et ce ne sera pas bien difficile.

Sur plusieurs des catalogues épiscopaux, ce personnage est anonyme et n'est inscrit qu'avec son prénom. Ailleurs, on lui a donné des noms qu'il n'a pas portés, et notre premier devoir est de lui rendre le sien propre. Débarrassons-nous tout d'abord d'un écrivain trop fécond, qui a inséré dans son livre, à l'époque où nous sommes, *quatre* évêques de Carpentras portant le nom de *Laplon*, deux avec la particule et deux sans particule, à savoir, Pierre, Jean, Paul et Jacques (1). Très vraisemblablement, aucun des quatre ne fut appelé de la sorte. Le nom bien authentique du dernier est Jacques de Camplon, ou *de Camplo;* on le trouve dans son inscription tumulaire, et dans les registres de la Chambre apostolique (2).

(1) « Pierre de Laplon lui succéda (1376)... Jean Laplon était alors évêque de cette église. Il fut remplacé par Paul Laplon (1407), son parent, qui ne fit que passer... Jacques de Laplon, nommé évêque de Carpentras (1424), n'y mit jamais les pieds. » GRANGER, *Histoire du diocèse d'Avignon*, t. 1. p. 557. 594.

(2) 1424, 11 août. Antonius de Sarzana, tanquam procurator ad hoc specialiter constitutus reverendi in Christo patris Jacobi de Camplo, olim episcopi Spoletani, et nunc translati ad ecclesiam Carpentoratensem. *Archivio di Stato, Roma. Oblig. Cam. Apost.* 1423-1425, fol. 90.

Les deux du milieu sont, à notre avis, des prélats imaginai-
res, qui n'ont jamais siégé et dont le nom ne saurait nous
préoccuper. Quant à notre évêque Pierre, il n'était pas de
Laplon, et on a dû le rattacher à cette famille carpentras-
sienne à cause d'une certaine consonnance, qui a fait
confondre le nom de celle-ci avec celui que quelques rares
actes ont mentionné en parlant de lui.

D'autres l'ont appelé Pierre Rabat ou Ravat, et ont imaginé pour lui une illustre origine. Ici, hélas ! nous avons encore
à combattre une déplorable confusion, qui a fondu en un seul
deux personnages distincts, et attribué au premier le nom du
second. Pierre, évêque de Carpentras, et Pierre Ravat, sont
deux hommes différents, qui n'ont rien de commun, si ce n'est
de s'être remplacés l'un l'autre sur le siège de Saint-Pons-de-
Thomières. L'identification est absolument impossible, et
nous n'en voulons donner ici d'autres preuves que les deux
bulles qui les appelèrent successivement, à cinq mois de distance, à l'évêché de Saint-Pons (1). Faute d'avoir su discerner
la personnalité de ces deux prélats, on a rapporté à un seul
homme tout ce qui doit être réparti entre deux.

On a prétendu que Pierre, avant de venir à Carpentras,
avait été évêque d'Alet. Nous ne saurions exprimer tous les
soucis que nous a causés cette erreur, dont nous n'avions pas
su assez nous défier, et combien d'heures nous avons perdues,
aux archives du Vatican, à la recherche de ces provisions
supposées pour l'évêché d'Alet; nous n'avons pas pu les y
trouver, parce qu'elles n'existent pas. On a dit aussi que
Pierre Ravat avait été évêque de Carpentras, après l'avoir
été d'Alet, et qu'il avait quitté Carpentras pour Saint-Pons-
de-Thomières (2). C'était par là même donner à notre évêque

---

(1) Pièces justificatives, n° 19, 20.

(2) Petrus Ravatius, seu Rabatius... Itaque Petrus Ravatius, antea ordinis sancti Francisci alumnus, fuit inde præsul Electensis , deinde

le nom de Ravat, qu'il n'a jamais porté, en sus d'un évêché qu'il ne posséda jamais.

Toutes ces assertions sont fausses. Pierre Ravat ne fut point évêque de Carpentras; l'évêque de Carpentras ne fut point évêque d'Alet, il ne se nommait pas Pierre Ravat, ni Pierre Laplon, mais Pierre Laplotte. Ce nom est écrit dans divers passages du *Gallia Christiana* (1), où on peut aller le relever sans la moindre difficulté. Mais les auteurs de cet ouvrage, qui ont eu connaissance des premiers emplois du futur évêque, n'ont pas su le suivre dans le reste de sa carrière assez brillante. Son épiscopat à Carpentras leur a été inconnu, non moins que sa translation à Saint-Pons-de-Thomières. De là les nombreuses méprises et les erreurs presque impardonnables où ils se sont perdus, et dans lesquelles ils ont entraîné tous les écrivains qui, après eux, ont eu à parler des évêques d'Alet, de Carpentras et de Saint-Pons. Débrouillons la confusion qu'ils ont jetée sur cette matière, et remplaçons par des faits vrais et des dates exactes l'obscurité qu'ils y ont répandue.

Pierre Laplotte était religieux de l'ordre de Saint-Benoît. Il fut d'abord prieur de Saint-Ange, dans le Limousin, et le 29 janvier 1369, Urbain V lui donna l'abbaye de Charroux, au diocèse de Poitiers (2). Docteur en droit, il fut attaché à la personne du cardinal Pierre Roger, le servit comme camérier, quand celui-ci devint le pape Grégoire XI, et put, dans cette position qui lui donnait beaucoup de crédit, se rendre utile au roi de France Charles V. Ce prince récompensa ses services par un diplôme de conseiller royal, qu'il lui fit expé-

Carpentoratensis, demum Sancti Poncii Thomeriarum. *Gallia Christ.* t. VI, col. 242.

(1) T. II, col. 1283, t. VI, col. 846.
(2) Pièces justificatives, n° 17.

dier de Vincennes, le 2 août 1373 (1). Le 13 août de l'année
suivante, le pape le transféra de l'abbaye de Charroux à celle
d'Aniane (2) ; le 5 mai 1374, il l'inscrivit au nombre de ceux
à qui il confiait l'exécution de son testament (3) ; et enfin, le
9 janvier 1376, il le fit évêque de Carpentras (4). On voit
qu'il n'y a rien d'obscur, rien d'incertain sur la personnalité
du prélat, ni sur les emplois auxquels il fut successivement
promu, ni sur les dates où il passa de l'un à l'autre. Il n'y
aurait non plus aucune obscurité sur sa fin, si l'on ne s'était
pas avisé de dénaturer à plaisir les documents qui nous la
font connaître.

L'épiscopat de Pierre Laplotte à Carpentras fut d'environ
vingt-deux ans ; mais il ne mourut pas sur ce siège. Par une
bulle du 5 novembre 1397, Benoît XIII, dont il suivait l'obé-
dience, le transféra à l'évêché de Saint-Pons-de-Thomières (5).
A peine eut-il le temps de faire son entrée dans sa nouvelle église, car moins de cinq mois après, il n'était plus de
ce monde. La nomination de son successeur, qui eut lieu le
29 mars 1398 (6), et la mention que la bulle fait de son décès,
pour indiquer la cause de la vacance, démontrent que sa
mort arriva au commencement ou durant le premier trimes-
tre de 1398. Il n'est pas possible de la différer jusqu'au bout
de ladite année, puisque la date de son remplacement est
nécessairement postérieure à la fin de sa vie.

Voici maintenant la singulière interprétation que le *Gallia
Christiana* a donnée aux deux pièces que nous venons de

(1) Ce diplôme, imprimé dans le *Gallia Christiana*, t. 11. Instr. p. 349,
n. XXXII, donne le nom du prélat avec cette variante, *La Plette*.

(2) Pièces justificatives, n° 18.

(3) DACHERY, *Spicilegium*, t. 6, p. 658.

(4) Nous avons déjà donné le document qui le constate parmi nos pièces
justificatives, au n° 9.

(5) Pièces justif., n° 19

(6) Pièces justif., n° 20.

rapporter, pièces dont il avait comme nous connaissance, mais qu'il n'avait certainement pas lues. La première, datée du 5 novembre 1397, *nonis novembris*, est pour lui du *3 décembre* de ladite année, et c'est Pierre Ravat qu'elle transfère de Carpentras à Saint-Pons (1). Il date la seconde, non point du 29 mars, *quarto kalendas aprilis*, mais du 2 avril ; et, non content de traduire si mal ces textes, il prétend que ces fausses dates se trouvent dans les registres pontificaux. Il affirme de plus que la seconde bulle n'eut aucun effet, et que l'évêque de Mâcon ne vint pas à Saint-Pons-de-Thomières (2). La preuve que la bulle du 29 mars eut tous ses effets nous est fournie par le *Gallia* lui-même, qui nous apprend que le nouvel évêque s'engagea le 2 mai suivant à payer à la Chambre apostolique les redevances ordinaires (3). Comment d'ailleurs, Pierre Ravat, qui ne fut jamais évêque de Carpentras, aurait-il pu être transféré de Carpentras à Saint-Pons ? Enfin, en admettant un moment que c'est bien Pierre Ravat qui, par la première bulle, du 5 novembre 1397, fut fait évêque de Saint-Pons, la seconde bulle, du 29 mars 1398, nous faisant savoir que ce prélat venait de mourir et était remplacé par un autre du même nom, comment a-t-on pu continuer à faire vivre et siéger un homme dont un document contemporain aurait annoncé si clairement la mort ?

En résumé, le *Gallia Christiana* a confondu Pierre Laplotte avec Pierre Ravat, un bénédictin avec un franciscain ;

---

(1) Petrus Ravatius seu Rabatius... ecclesiæ S. Pontii præficitur episcopus 2 maii 1397..., melius tamen die 3 decembris, quo Petrus absque nomine è Carpentoratensi ad hanc ecclesiam translatus legitur in Reg. Benedicti XIII. *Gall. Christ.*, tom. VI, col. 242.

(2) Petrus è Matisconensi cathedra ad Tomeriensem translatus die 2 aprilis 1398 in eodem regesto legitur. Sed hæc translatio non habuit locum ; Petrus enim diu postea remansit in sede Matisconensi. *Ibid.*

(3) Noster vero Petrus die 2 maii an. 1398 promisisse legitur in eodem regesto. *Ibid.*

il a donné, sans titres, à ce dernier l'évêché de Carpentras, et l'évêché d'Alet au premier, et il a fait des deux un seul homme. Il a nié que Ravat soit arrivé à Saint-Pons, de Mâcon, et veut à toute force qu'il y soit venu de Carpentras, sans s'inquiéter d'établir qu'il a vraiment siégé dans cette ville. De plus, il a altéré les dates de tous les documents cités. C'est dans un seul et même article que toutes ces choses étranges sont accumulées ; il nous semble que c'est dépasser, avec un peu trop de liberté, la mesure ordinaire des inexactitudes tolérables.

## VI

### *Combien y a-t-il eu d'évêques à Orange de 1349 à 1367 ?*

Dans l'intervalle des dix-huit ans que nous venons de marquer, le *Gallia Christiana* a inscrit quatre noms sur la liste des évêques d'Orange : Jean Revolli, Guillaume, Jean et Bertrand. Nous allons prouver que ces quatre personnages se réduisent à un seul, et pour n'avoir pas l'air de prendre toujours pour objectif le *Gallia*, nous dirigerons nos observations et nos critiques contre l'*Essai historique sur les évêques d'Orange* (1) par Bastet, dans lequel on retrouve ces quatre prélats, avec quelques détails en plus. Cet ouvrage n'a, il est vrai, aucune valeur ; mais c'est la seule monographie que nous ayons sur ce sujet, et il ne sera pas sans intérêt d'avoir un échantillon de ce qu'il contient.

D'après l'*Essai historique*, Orange eut pour évêques Jean I en 1342, Guillaume VI en 1349, Jean II en 1352, et

_______________

(1) Orange, imprimerie de Jules Escoffier, 1837, in-8°, de VIII et 275 pages.

Bertrand II de 137o à 1373. Jean I, autrement dit Jean de Revoli, dominicain, aurait succédé en 1342 à Pierre III, qui était mort la même année.

Dès le premier pas, nous sommes en complet désaccord avec l'auteur que nous analysons. Jean ne fut pas fait évêque d'Orange en 1342, mais sept ans plus tard ; nous rapporterons plus loin les bulles qui le placèrent sur ce siège, et nous constaterons, sans qu'il soit besoin d'aucun raisonnement, qu'elles sont datées du 7 janvier 1349. Il ne succéda pas à Pierre III, c'est-à-dire à Pierre Guilhem, recteur du Comtat-Venaissin et ancien évêque de Toulon, dont notre écrivain n'a connu ni le nom ni la personnalité, mais à un évêque nommé Guillaume, qui fut le vrai remplaçant de Pierre, à partir du 18 février 1342 (1), lequel eut sept ans d'épiscopat. Nous ne nous arrêtons pas à prouver notre assertion ; la preuve se trouve dans les bulles que nous venons d'annoncer. Il n'en est pas moins vrai que ledit prélat n'est pas à son rang sur le catalogue des évêques d'Orange, de Bastet, ce qui est d'autant plus étrange que le *Gallia Christiana* lui a consacré une notice de cinq lignes.

Il nous faut de plus contester le nom de *Revoli* donné à l'évêque Jean, nous ne savons sur quel fondement. Deux de nos pièces, originales et contemporaines, le nomment Jean *Revelli*, et jusqu'à ce que nous ayons vu, pour l'opinion opposée, des documents aussi anciens et aussi autorisés, nous sommes contraint de lui maintenir le nom que lui donnent ses bulles de provisions, et qu'on lui attribue encore à sa mort (2). Cet évêque, qui était dominicain, fut nommé à l'évêché d'Orange, comme nous l'avons indiqué, le 7 janvier 1349 ; Bastet, qui le fait mourir le 16 juillet 1349, ne lui a donc accordé en réalité que quelques mois d'épiscopat,

(1) *Arch. Vat.* Reg. 139. (Bened. XII. Comm. an 7.) fol. 356, ep. 6.
(2) Pièces justif. n° 21, 23.

bien que, pour en allonger la durée, il se soit avisé de le
faire commencer en 1343. Nous verrons bientôt que la date
de la mort n'est pas plus exacte que celle de l'entrée en fonctions.

Après lui, on a placé Guillaume VI, qui aurait occupé le
siège d'Orange durant trois ans, à partir de 1349. L'existence de cet évêque n'est garantie par aucun document connu.
On l'a tout bonnement introduit sur la liste, sans citer aucun
acte où il soit fait mention de lui, aucune date qui lui appar-
tienne ; car, si l'on a écrit 1349 à côté de son nom, c'est
uniquement parce que l'on a supposé qu'il succéda à Jean I,
dont on a mis la mort à cette année. De même, si on l'a fait
durer jusqu'en 1352, ce n'est pas que l'on se soit appuyé sur
quelque pièce ou sur quelque témoignage ; on a simplement
jugé à propos de fixer à cette époque l'avènement de Jean II.
Mais dans tout cela il n'y a pas un seul brin de vérité ; Guillaume n'a été mis là que pour remplir un vide que l'on a cru
y voir et qui n'existe pas. On a beau dire que l'histoire ne
nous a conservé de lui que le nom ; le nom de Guillaume VI
n'est pas dans l'histoire, il a été inventé par ceux qui l'ont
employé (1), et doit être rejeté sans balancer.

Jean II, que l'on a mis à la suite de Guillaume VI, aurait
siégé de 1352 à 1368. Celui-ci compte à son actif des actes
nombreux : des différends avec Raymond, prince d'Orange,
aux empiètements duquel il lui fallut résister, pour maintenir
les droits de son église ; son assistance au concile d'Apt en
1365 ; sa présence à Arles au couronnement de l'empereur
Charles IV, en la même année ; les privilèges obtenus du
pape et de l'empereur en faveur de l'université d'Orange.
Nous admettons tout cela, à l'exception de la date de sa
mort, et l'on pourrait y ajouter bien d'autres faits, auxquels

(1) Il pourrait se faire néanmoins que ce Guillaume, placé après Jean
Revelli, fût le Guillaume que l'on a omis avant celui-ci.

nous n'aurions rien à objecter. Il est certain, en effet, qu'un évêque d'Orange, nommé Jean, se rencontre dans les pièces de cette époque, de sorte qu'on ne saurait refuser de l'admettre. Toutefois, nous n'en proposerons pas moins la suppression de Jean II, parce qu'on a négligé, avant de l'introduire, d'examiner si Jean II ne serait pas la même personne que Jean I. La chose étant pour nous tout à fait certaine, il faut faire disparaître un nom maladroitement répété, qui n'est qu'une doublure d'un autre, et par conséquent sans aucune raison d'être. Nous espérons que nos lecteurs partageront notre conviction, quand ils connaîtront nos preuves, et nous les leur donnerons, après que nous aurons achevé notre travail d'expurgation.

Il y aurait eu, après la mort de Jean II, un intervalle de *deux ans*, pendant lesquels le siège serait resté vacant, les chanoines n'ayant pas pu s'entendre pour le choix d'un évêque. Les uns voulaient élire Bertrand Pons, dont une autre partie du chapitre ne voulait pas. « Les *trois mois* « accordés au chapitre pour l'élection de l'évêque étant expi- « rés, le pape usa du droit de prescription pour nommer « Bertrand Pons, en 1370. Ce prélat était d'une ancienne et « noble famille de Mondragon; il avait été chanoine « d'Orange, avant de passer comme doyen à Saint-Ruf-lès- « Avignon. Dans son *bref* d'élection, Urbain V énumère « longuement les causes qui l'ont porté à choisir un si digne « évêque à l'église d'Orange, etc., etc. Ce fut Dieu qui suscita « ce digne évêque pour réparer les ruines de son sanctuaire. « Il rétablit la régularité dans son chapitre... Il rentra dans « les biens qu'on avait usurpés à son église, et mourut au « bout de trois ans d'exercice, après avoir accompli des « travaux de haute importance. (1) »

Qui ne croirait en lisant ce récit, qui remplit trois

(1) *Essai historique sur les évêques d'Orange*, p. 160-162.

pages, avoir sous les yeux l'œuvre d'un historien bien informé, ayant à son service les documents les plus certains et les plus précis, dont il n'avait qu'à faire l'analyse pour composer une notice où rien ne manque ? Il faut pourtant bien le dire, tout ce qu'on vient de lire est un conte fait à plaisir. La bulle d'Urbain V, appelée ici un bref et citée longuement, est une bulle supposée, que personne n'a vue ni pu voir ; l'évêque Bertrand, qui aurait été évêque d'Orange de 1370 à 1373, n'a jamais existé, et il faut le réléguer au rang des mythes ; la vacance du siège d'Orange de 1368 à 1370, et la divergence d'opinions des chanoines, qui en aurait été la cause, sont des rêves que rien ne justifie. Ceci ressortira avec la dernière évidence de l'examen de ces deux propositions dont nous allons démontrer la certitude : Jean Revelli a été évêque d'Orange de 1349 à 1367, et François de Caritat, qui lui a succédé immédiatement avant la fin de 1367, a siégé jusqu'au delà de 1380, de sorte que l'intercalation de Guillaume VI, de Jean II et de Bertrand Pons est absolument impossible.

Nous prouvons que durant les dix-huit ans qui s'écoulèrent de 1349 à 1367, il y eut un seul évêque à Orange, et non trois, et que cet évêque fut Jean Revelli, de la manière la plus facile et, croyons-nous, la plus concluante. D'abord, nous mettons à la disposition de nos lecteurs les bulles qui donnèrent à ce prélat l'évêché d'Orange (1). Ils y verront que son épiscopat commença le 7 janvier 1349, et que son prédécesseur se nommait Guillaume et non point Pierre ; la date authentique de ses provisions donne l'exclusion au prétendu Guillaume VI, que l'on voudrait faire arriver tout juste à la même époque. Aucun autre argument ne nous parait nécessaire pour établir ces conclusions, dont la solidité défie toute critique.

(1) Pièces justif., n° 21.

Il est assez rare que les bulles des évêques contiennent leur nom de famille, et l'identification des personnes ne peut se faire ordinairement qu'en rapprochant d'elles des documents plus explicites. Dans celles-ci, par une heureuse chance, nous trouvons le nom de famille joint au prénom, et nous apprenons par elles que le nouveau prélat se nommait Jean Revelli ; nous y lisons de plus qu'il était dominicain. Ces deux faits nous donnent la clé du problème dont nous cherchons la solution, et nous permettent d'y voir clair là où tout le monde a vu trouble ; car, si nous établissons que celui que l'on a appelé Jean II se nommait aussi Jean Revelli, et qu'il était aussi dominicain, il deviendra évident qu'il est le même que Jean I, et qu'on a eu tort de couper celui-ci en deux tronçons, séparés l'un de l'autre par un tiers.

Or nous avons la preuve qu'il en fut ainsi, et nous tirons cette preuve de deux pièces que l'on trouvera imprimées après les bulles du prélat. La première (1) nous fait savoir que le 15 août 1361, Jean, évêque d'Orange, lequel serait Jean II, si celui-ci avait existé, obtint du pape Innocent VI la faculté de disposer de ses biens pour des œuvres pies, nonobstant qu'il appartînt à l'ordre des Frères-Prêcheurs. La seconde nous apprend qu'après la mort de l'évêque Jean d'Orange, son cousin Jean Revelli, exécuteur de ses dernières volontés, transigea avec la chambre apostolique, pour les droits que celle-ci prétendait avoir sur les biens du défunt (2). Le nom du cousin reproduit si parfaitement le nom de l'évêque, qu'il faudrait se boucher les yeux pour ne pas voir l'identité et l'unité de Jean I et de Jean II.

La pièce que nous venons de citer a encore le mérite de nous faire connaître le jour précis du décès de Jean Revelli, qui mourut le 30 septembre 1367. On s'est donc trompé

(1) Pièces justif., n° 22.
(2) Pièces justif., n° 23.

deux fois en faisant mourir Jean I en 1340, et Jean II en
1368.

Jean Revelli eut pour successeur immédiat François de
Caritat, qui le remplaça après une vacance de six semaines.
Voici en abrégé l'histoire de cet évêque, dont Bastet a eu la
singulière idée de faire un prévôt du chapitre d'Orange, et
que les autres ont très peu connu. Nous le voyons d'abord
prieur de Camaret, d'où Clément VI le tira, le 14 janvier
1349, pour le faire abbé de Cruis, au diocèse de Sisteron (1).
Il était alors prêtre et licencié en droit canonique, et chanoine profès de l'ordre de Saint-Augustin, auquel appartenait son abbaye, aussi bien que la suivante. Dix ans plus tard,
le 7 juin 1359, Innocent VI lui donna l'abbaye de Sahun,
dans le diocèse de Valence (2), et enfin Urbain V l'appela à
l'évêché d'Orange.

Les provisions de cet évêque ne sont pas dans les Regestes
pontificaux, où les registres sur parchemin d'Urbain V sont
bien incomplets. Elles se trouvaient dans les minutes en papier
du fonds d'Avignon, beaucoup plus complet que l'autre fonds ;
mais elles n'y sont plus, parce que les premiers cahiers du
volume qui les contenait en ont été arrachés. On les voit
néanmoins encore mentionnées, en tête du registre, à la table
qui a été conservée, et où l'on peut lire : *I. Franciscus pre-
ficitur in episcopum Aurasicensem.* Elles sont les premières
parmi les bulles d'évêques données en l'an VI d'Urbain V,
qui commençait le 6 novembre 1367; elles sont donc du mois
de novembre de ladite année. Henri Suarez, qui les a vues
avant que le registre fût déchiré, nous apprend (3) qu'elles
sont datées du 17 des calendes de décembre de l'an 6, c'est-à-
dire du 15 novembre 1367. Cette date reçoit sa confirmation

(1) Pièces justif., n° 24.
(2) Pièces justif. n° 25.
(3) Bibl. nat. Mss. lat. 8967, p. 492.

de la promesse que fit cet évêque à la chambre apostolique, le 2 décembre 1367, de lui payer l'annate due à l'occasion de sa promotion (1) ; et il devient ainsi certain que François de Caritat succéda, sans intermédiaire, à Jean Revelli.

Nous ne savons pas l'année précise où il cessa de vivre ; on s'accorde assez à dire qu'il gouverna l'église d'Orange jusqu'au 11 juillet 1387, et nous avons la certitude qu'il vivait à la date du 30 octobre 1380, jour où il nommait un procureur des âmes pour tout son diocèse (2). N'eût-il siégé que de 1367 à 1380, il est impossible de concilier avec le sien l'épiscopat fabuleux de Bertrand Pons, lequel rentre dans le néant. Ainsi, il est définitivement acquis à l'histoire que, des quatre évêques prêtés à l'église d'Orange à cette époque, il n'y en a qu'un seul d'authentique, Jean Revelli, qui va du 7 janvier 1349 au 30 septembre 1367.

## VII

*Y a-t-il eu trois évêques à Apt de 1348 à 1357 ?*

Il est convenu et accepté par tous les écrivains, que l'église d'Apt changea trois fois d'évêques dans le court espace de temps compris entre 1348 et 1357, et qu'en cette dernière année elle en vit arriver un quatrième. Le *Gallia Christiana*

(1) M.CCC.LXVII. Die secunda decembris. Dominus Franciscus, episcopus Aurayceusis, promisit pro suo communi servitio IIIIc. florenos, et V. servitia consueta ; solvendo medietatem a festo natalis Domini proximo ad unum annum, et aliam medietatem, etc. *Arch. Vat.* Oblig. Colleg. ab anno 1361 ad 1375, fol. 111vo.

(2) Datum Aurayce, die penultima mensis octobris, anno Domini M.CCC.LXXX. *Arch. dép. de Vaucluse*, Reg. de Pierre Mercier, not. d'Orange, fol. 30.

désigne Bertrand III en 1348, Bernard en 1351, et Bertrand IV Meissenier, de 1353 à 1357. L'abbé Boze a également Bertrand III en 1348, Bernard en 1351, et Bertrand IV en 1353. Enfin l'Armorial des évêques d'Apt, publié il y a huit ans, reconnaît lui aussi, et aux mêmes dates, Bertrand, Bernard et Bertrand. L'accord ne saurait être plus parfait, et il semble difficile de s'inscrire en faux contre une pareille unanimité. Nous l'essairons néanmoins, non seulement avec la certitude de vaincre nos trois adversaires et ceux qui sont derrière eux, mais avec une certaine répugnance ; car s'ils sont nombreux contre nous, ils n'ont pas une seule arme pour se défendre.

Voici notre thèse : Il n'y a eu qu'un seul évêque à Apt de 1348 à 1357. La démonstration irréfutable de cette assertion peut, de prime abord, paraître une entreprise quelque peu hasardée, parce que la preuve positive semble difficile à faire et que la preuve négative ne convainc pas. En fait, elle ne nous embarrasse aucunement, et nous coûtera même fort peu d'efforts, parce que ceux contre qui nous disputons vont nous fournir la moitié de l'argument dont nous avons besoin pour les battre. Ils conviennent tous ensemble, et nous convenons avec eux, que le dernier des trois prétendus prélats aptésiens portait le nom de Bertrand de Meissenier, en latin *de Meischonesio* ou *de Meissenesio* ; et ce point est mis hors de doute par l'inscription tumulaire de Bertrand, que l'on conserve encore à Naples où il alla mourir. Si donc nous faisons voir que ce nom a appartenu non seulement à Bertrand IV mais aussi à Bertrand III, on en conclura facilement que l'un et l'autre doivent être regardés comme le même homme, surtout quand nous aurons montré que du commencement à la fin il n'y a aucune solution de continuité.

Recourons donc, selon notre usage, aux bulles qui en 1348 appelèrent le premier Bertrand au gouvernement de l'église d'Apt. Elles ne sont point du 17 septembre 1348, comme tous l'ont répété, en se copiant mutuellement, mais bien du 10 juillet de ladite année ; et personne ne nous contestera cette date, puisque nous avons cherché et trouvé notre document là même où il peut se rencontrer sans altération, dans les registres de Clément VI, au Vatican. Selon notre usage encore, la pièce sera imprimée à la suite de notre texte (1), pour que chacun puisse voir ce qui y est écrit.

Comme cela s'est rencontré pour Jean Revelli, la bulle du 10 juillet 1348 a enregistré le nom de famille du nouvel évêque, et nous sommes ainsi assurés que c'est bien Bertrand *de Meischonesio* qui à cette date prit possession de l'évêché d'Apt. Tous nos historiens ecclésiastiques ont ignoré ce fait, et ont réservé ce nom à un prélat qu'ils font arriver cinq ans plus tard, et qui serait différent du premier. Ils ne s'attendaient pas au démenti formel que viennent leur infliger les provisions de celui-ci ; et l'on dirait vraiment que c'est à leur adresse que cette pièce, dérogeant à l'usage général de n'inscrire à cette place que le prénom des évêques élus, y a voulu insérer tout au long le nom de famille du prélat aptésien.

Le résultat de la découverte que nous venons de faire, est de nous donner la certitude que le nom assigné au second Bertrand, de 1353, appartient au premier, promu en 1348 ; d'où nous tirons cette conclusion non moins certaine, que les deux prélats n'en font qu'un. On ne pourrait échapper à la précision de ce raisonnement qu'en soutenant que le siège d'Apt eut, dans l'espace de cinq ans seulement, deux titulaires portant le même nom et le même prénom. Un pareil fait serait assez singulier pour qu'on eût le droit d'exiger de ceux qui s'en feraient les garants, qu'ils en fournissent la preuve, afin qu'il pût conster qu'ils ne sont pas dupes d'une illusion. Mais personne n'embrassera un système si peu vraisemblable.

Qu'on ne nous dise pas que c'est pourtant là le système

(1) Pièces justif., n° 26.

adopté par tous nos auteurs, qui ont trouvé trois évêques où nous n'en voyons qu'un; car ceci n'est pas exact. Il est évident en effet que les historiens de nos églises ont cru à deux Bertrand, mais non point à deux Bertrand *de Meischonesio*. Ils n'ont pas même soupçonné la possibilité de la chose, et trompés par l'ignorance du nom propre que nous sommes le premier à faire connaître, ils ont accepté un dédoublement que nous montrons être mal fondé. On n'est point autorisé à leur faire dire qu'ils eussent persisté dans leur erreur, si ce nom leur avait été connu; il est bien plus raisonnable de penser que ce rapprochement inattendu de deux noms identiques leur aurait fait apercevoir la méprise qu'ils commettaient, et les eût amenés à se corriger eux-mêmes. Pour le moins, ils auraient compris la nécessité absolue qui leur était imposée d'examiner avec soin si la distinction entre les deux Bertrand *de Meischonesio* était réelle, et si l'on ne devait pas au contraire se prononcer nettement pour l'unité de personne.

Ce qu'ils n'ont pas songé à faire, nous le ferons à leur place, et nous montrerons que rien n'autorise l'hypothèse de deux Bertrand, moins encore de deux Bertrand *de Meishonesio*; que le prétendu Bernard, qui a été mis entr'eux pour les séparer, doit disparaître et laisser la place libre, pour laisser se rejoindre ce qui a été disjoint sans apparence de raison; en un mot, qu'il n'y a aucune solution de continuité entre le Bertrand *de Meischonesio* que nous révèle la bulle du 10 juillet 1348, et celui de même nom que nos adversaires font durer de 1353 à 1357.

Nous pourrions nous contenter de donner pour preuve de tout cela que le dépouillement des registres de Clément VI et d'Innocent VI, fait attentivement par nous aux archives du Vatican, nous a fourni les provisions du 10 juillet 1348, qui font Bertrand évêque d'Apt, celles qui le transfèrent dix ans plus tard à l'archevêché de Naples, celles enfin qui, le 1er juin

1358, lui nomment pour successeur à Apt Elzéar de Ponte-
vès (1). Les bulles de nos prétendus Bernard et Bertrand IV,
que nous aurions dû rencontrer dans cet intervalle, n'y bril-
lent que par leur absence. Or, il n'est pas possible que nous
les eussions manquées, si elles s'y trouvaient, parce que,
non content de nos études personnelles dans ces registres,
nous avons eu soin de les compléter et de les contrôler par
les recherches qu'y avait faites au siècle passé le cardinal
Garampi, dont les *schedæ* ne signalent aucun fait ayant
trait à ces personnages. Ceci est assez significatif.

Ce qui l'est aussi passablement, c'est que nous avons
relevé aux archives des Bouches-du-Rhône un bon nombre
d'actes avec le nom de Bertrand, et pas un seul où l'on voie
celui de Bernard. Nous citons de préférence un acte du 25
avril 1351, concernant les possessions de l'évêché à Tour-
rettes et à Clermont (2). La pièce est au nom de Bertrand,
et non de Bernard, et c'est pourtant l'époque où l'on veut
que celui-ci ait siégé. Nous avons d'autre part, en janvier 1353,
des bulles qui envoient Bertrand à Gap, comme nonce apostolique, pour apaiser les dissentiments survenus entre l'évêque et plusieurs personnages importants de son diocèse (3).
On ne peut assigner une pareille mission à un nouveau
venu, et la façon élogieuse avec laquelle le pape parle de lui
indique un homme mûr et expérimenté (4). Quelle place
reste-t-il donc pour y mettre Bernard, que nous ne voyons
figurer dans aucun document ?

(1) *Arch. Vat.* Reg. 187, fol. 52 v°. — Reg. d'Innoc. VI, t. 18, fol. 303
et 307.

(2) Reverendus in Christo pater dominus Bertrandus, divina gratia
Aptensis episcopus. *Arch. des B.-du-Rh*, B. 83, fol. 153.

(3) 29 janvier 1353. Venerabili fratri Bertrando, episcopo Aptensi, apostolice sedis nuntio, etc. *Arch. Vat.* Reg. 235, fol. 28.

(4) De qua in pluribus experientia multa probata, plenam fiduciam ob-
tinemus .. — Virum examinate virtutis, et pro meritis suis nobis admo-
dum acceptum et carum. *Ibid.*

Il est vrai que nous avons aux archives départementales un double hommage rendu par un évêque d'Apt dont le nom n'est marqué que par l'initiale B. Serait-ce là qu'il faudrait voir le prélat que nous avons vainement cherché de tous les côtés? La chose n'est pas possible. Le premier hommage, daté du 26 octobre 1349 (1), appartient évidemment à Bertrand de *Meischonesio*, promu le 10 juillet de l'année précédente. Le second, du 18 juin 1351 (2), ne saurait, sans une grande témérité, être attribuée à aucun autre qu'à Bertrand dont le nom se lit dans l'acte du 25 avril de la même année, c'est-à-dire à une époque si voisine, qu'il n'y a pas le temps moral pour placer entre les deux dates la mort du prélat, son remplacement par un nouvel évêque, le sacre de celui-ci et sa venue à Aix. Ce serait une insigne maladresse de fonder sur une base aussi fragile l'épiscopat d'un homme dont l'existence n'est rien moins qu'assurée, et dont la personne est absolument inconnue. Il paraît pourtant que cette maladresse a été commise, et que nous sommes redevables à l'initiale B. de l'acte du 18 juin 1351, de l'évêque Bernard qui a pris rang sur tous les catalogues de l'église d'Apt. On a dû dire : puisqu'on trouve deux hommages épiscopaux à trois ans de distance, il faut supposer qu'il y a eu pour les prêter deux prélats différents; et sur ce, on a rendu le B. du premier hommage par Bertrand, et le B. du second par Bernard.

Traduire de la sorte deux lettres identiques, quand on n'a aucune autorité à alléguer pour les différencier, c'est un peu hardi, c'est aussi s'exposer à de fortes déceptions ; l'évêque Bernard, resté problématique jusqu'à ce jour, peut désormais rentrer dans la classe des fantômes créés par l'imagination de certains écrivains. Les deux hommages que nous

---

(1) B. Aptensis episcopus. *Arch. des B.-du-R.* Reg. B. 759, *fol.* 10 *verso.*
(2) Dominus B. ecclesie Aptensis episcopus. *Ibid. fol.* 15 *verso.*

avons rapportés s'expliquent, du reste, de la manière la plus naturelle, et ont fort bien pu être faits par un seul et même homme. Le premier est celui que Bertrand *de Meischonesio* devait pour son évêché, à son entrée en fonctions. Celui de 1351 n'est pas un hommage particulier à l'évêque d'Apt, mais il fait partie d'une mesure générale, qui s'étendit à toute la Provence. Il fut réclamé par la reine Jeanne de tous les prélats, barons et communautés, après son mariage avec le roi Louis, en son nom et au nom de celui-ci. C'est donc une rénovation d'hommage, dont la cause est connue, et qui n'implique point la diversité des personnes ; presque tous ceux de qui il fut exigé avaient déjà antérieurement rempli leur devoir féodal, et se trouvent par conséquent dans le même cas que Bertrand *de Meischonesio*.

Nous ne pouvons pas quitter définitivement celui-ci sans élucider en quelques mots la question de sa personnalité et de ses antécédents. On a cru qu'il appartenait à l'ordre de Saint-François (1) ; c'est le confondre avec son successeur, qui fut réellement franciscain. Quant à lui, on peut vérifier dans ses bulles qu'il était clerc séculier, chanoine de Mirepoix, et sous-diacre au moment de sa promotion (2). On est toujours plus sûr de ce que l'on dit lorsqu'on s'appuie sur des documents authentiques, que quand on émet ou que l'on reproduit des assertions gratuites. En voici une dernière preuve : le 4 juin 1358, notre évêque d'Apt fut transféré à l'archevêché de Naples (3) ; on n'en lira pas moins partout que cette nomination eut lieu en 1357. Réussirons-nous à faire admettre la correction ?

(1) Bertrandus de Meissenesio anno 1353 ex sancti Francisci familia electus est ad gubernandam ecclesiam Aptensem *Gallia Christiana*, t. I. col. 355.

(2) Pièces justif. n° 26.

(3) *Arch. Vat.* Innoc. VI, t. 18, fol. 303.

## VIII

### *Gui du Bouchage, Gui Spifame et Gui de Roussillon font-ils trois évêques d'Avignon, ou un seul?*

L'église d'Avignon passe généralement pour avoir eu, au commencement du XV° siècle, trois évêques du nom de Gui, qui se seraient succédé sans interruption. C'est l'opinion commune, devenue depuis fort longtemps tellement universelle, que nous ne prendrons pas la peine de rapporter les noms de ceux qui l'ont embrassée, parce qu'il faudrait citer tous les historiens de cette église. Polycarpe de la Rivière, à peu près seul, a été d'un avis contraire, et a refusé d'admettre l'existence des trois Gui. Et voilà que cet auteur si diffamé, qui, d'après certains Avignonais de nos jours, n'a dit que des faussetés et ne mérite aucune créance, va se trouver, cette fois encore, avoir su discerner seul la vérité au milieu des ténèbres qui l'entourent.

Nous avons toujours eu beaucoup de répugnance à accepter cette pléiade de prélats homonymes. Le nom de Gui est si peu usité, surtout dans le Midi, qu'il nous paraissait étrange de le voir porté successivement par trois hommes qui arrivaient, on ne sait d'où, au siège épiscopal de la même ville, et dont nous ignorions tout à fait les antécédents. Il n'était pas difficile de voir qu'à eux trois ils n'avaient qu'un épiscopat d'une vingtaine d'années, c'est-à-dire la durée moyenne de temps qu'un seul évêque avait fort bien pu remplir ; et encore devrons nous constater qu'on a prolongé cette durée au delà de ses vraies limites. Pour placer là trois vacances de siège et trois nouvelles promotions, il a fallu découper en fractions presque dérisoires l'intervalle que l'on s'était ménagé et tout cela s'est fait sans preuves, sans autorités, et en l'absence de tout document.

Quand M. Reynard-Lespinasse voulut recueillir les armoiries des évêques d'Avignon, il se vit dans un grand embarras au sujet des trois Gui, pour qui ses recherches ne purent lui procurer que des armes en tout semblables ; et il dut se résigner à les publier de la manière suivante (1). Pour le premier : *De gueules à l'aigle éployé d'argent* (2) ; pour le second : *De gueules à l'aigle au vol abaissé d'argent* ; pour le troisième : *De gueules à l'aigle éployé d'argent*. N'y a-t-il pas là une preuve assez claire que ces personnages se réduisent à un seul ? Aussi l'auteur de l'*Armorial* n'hésita pas à donner au premier et au dernier des trois des noms identiques, et à les appeler l'un et l'autre : *Gui de Roussillon-Bouchage*. Il eut tort de reculer devant une identification complète. Même nom, même prénom, même famille, mêmes armes, mêmes dates (1419-1422), que manque-t-il pour prononcer que ces prélats, que rien ne nous engage à distinguer, constituent, avec le troisième jeté au milieu d'eux sans rime ni raison, une personne unique ?

Nous avons étudié avec soin, en nous aidant du plus grand nombre possible de documents, le système de la pluralité et celui de l'unité, et voici quel est le résultat de notre étude. Le système de la pluralité ne s'appuie sur rien. Il devrait y avoir trois bulles de provisions pour les trois prélats, et nous n'en avons trouvé qu'une seule dans les registres des papes, celle du premier des trois. Le cardinal Garampi, dont nous avons utilisé les notes, et qui a vu ces registres lorsqu'ils étaient plus complets, n'a pas été plus heureux que nous, et n'a rien découvert pour les deux autres. N'est-il pas singulier que le seul des Gui qui est incontesté soit aussi le seul dont

(1) *Armorial historique du diocèse et de l'état d'Avignon.* — Paris, 1875, in-4°, pages 60, 62, 63.

(2) Nous ne tenons pas compte de l'opinion de Rivoire de la Bâtie, qui a interverti les couleurs du champ et de l'aigle.

les bulles se retrouvent ? Au reste, il n'existe aucune pièce
autorisant à penser qu'il y ait eu un changement d'évêques,
depuis l'avènement du premier Gui jusqu'à Marc Gondolmère ; aucune qui annonce un décès, un siège vacant, une
nouvelle prise de possession ; aucune qui contienne le nom
de famille des prélats, et d'où l'on puisse s'apercevoir que
l'un n'est pas l'autre. On ne trouve dans les actes de l'époque
que le mot *Guido* ou l'initiale *G.* ; comment conclure de là
à l'existence de Gui du Bouchage, de Gui Spifame et de Gui de
Roussillon ? Mais si ces noms ne se lisent pas dans les actes,
il y a pourtant une exception en faveur de l'un des trois, et
cette fois encore, l'exception concerne le premier ; de façon
que celui-ci, dont l'épiscopat n'est d'ailleurs pas douteux,
peut justifier de ses bulles et de sa famille, et les autres, qui
sont suspects sous tous les rapports, n'ont point de famille et
point de bulles.

Venons-en maintenant au système de l'unité, et exposons ce
que nous apprennent nos documents. Si, pour en tirer trois
personnages différents, il faut leur faire violence et leur faire
dire ce qu'ils n'ont point dit, il en est tout autrement dans
l'hypothèse contraire ; on peut alors les prendre tels qu'ils
sont, sans y ajouter ni en retrancher, et tous les renseignements qu'ils renferment, rapportés à un évêque unique, s'ac-
cordent à merveille, sans soulever la moindre difficulté,
comme on va pouvoir en juger.

Le siège d'Avignon était vacant au commencement de
1411 (1), par la mort de Gilles de Bellamère, son dernier évêque, et celle du cardinal de Thury, qui en avait eu l'administration après lui ; ce fut le pape Jean XXIII qui lui donna
un évêque nouveau, le 23 mars 1411. Nous éditons les bulles

(1) Acte du 19 février 1411. Nos Germanus Florencii, licenciatus in
decretis, archidiaconus Lodovensis, officialis Avinionensis pro venerabili
capitulo ecclesie Avinionensis, sede episcopali vacante. *Arch. des B.-du-
Rh. Augustins d'Arles.*

du prélat (1), qui non seulement déterminent la date de son
avènement, sur laquelle on a beaucoup varié, mais contiennent
sur sa personne une donnée non encore utilisée, et nous fournissent ainsi le moyen de fixer sa personnalité. Nous y lisons
en effet que celui à qui l'évêché d'Avignon venait d'être conféré était un moine de l'ordre de Saint-Benoît, actuellement
abbé de Saint-Pierre de Vienne. La même chose se trouve,
en termes identiques, dans le plus ancien des registres consis-
toriaux que l'on conserve à Rome (2), où la promotion de
l'abbé de Saint-Pierre de Vienne a été transcrite à sa date.
Avec l'une ou l'autre de ces précieuses indications, dont on
n'a pas tenu compte jusqu'ici, il est très facile de reconnaître
le personnage dont l'épiscopat commença en 1411, puisqu'il
suffit de chercher qui était, à cette époque, en possession de
l'abbaye viennoise.

Nous ouvrons la continuation du *Gallia Christiana*, pu-
bliée par M. Hauréau, et nous constatons qu'en 1411 l'abbé
de Saint-Pierre hors les murs de Vienne se nommait *Gui de
Roussillon* (3) ; par conséquent, l'évêque donné à l'église d'A-
vignon le 23 mars 1411 doit être appelé *Gui de Roussillon*, et
non Gui du Bouchage. Nous changeons ainsi du même coup
le nom et la date qu'on s'était plu à assigner à celui-ci, mais
c'est pour mettre la certitude là où il n'y avait qu'erreur et
confusion. Et comme deux preuves valent mieux qu'une
seule, nous citerons encore, avant de quitter ce sujet, un autre
témoignage puisé à une source toute diverse, qui convaincra
les plus incrédules de l'exacte vérité de ce que nous venons

(1) Pièces justif. n° 27.

(2) 23 martii, anno 1°. Item, providit ecclesie Avinionensi, vacanti per lap-
sum commende facte cardinali de Thureyo, de persona fratris Guidonis,
abbatis monasterii Sancti Petri foris portam Viennensem, ordinis Clunia-
censis. *Arch. congreg. consist.* Reg. 1409-1434. fol. 23.

(3) XXIX. Guido de Rossillione post hos occurrit. *Gallia Christ.* t. XVI,
col. 158.

d'affirmer. Cette preuve nous est fournie par le registre de la chambre apostolique où fut enregistré l'engagement que prit le nouvel évêque d'Avignon, peu de temps après sa promotion, de payer en cour de Rome les redevances habituelles. Nous publions ce texte (1), qui confirme la date par nous fixée, et donne lui aussi en toutes lettres le nom du prélat, qui est bien celui de Gui de Roussillon en personne, et nullement un autre.

Mais s'il est vrai que Gui de Roussillon fut en possession de l'évêché d'Avignon dès l'année 1411, comme personne n'a jamais mis en doute que le troisième des évêques que nous discutons se nommât aussi Gui de Roussillon, notre démonstration est faite ; c'est lui seul qui a siégé durant tout le temps que l'on a partagé entre trois, et les deux autres doivent être effacés. Nous n'examinerons pas même la question qui pourrait, en désespoir de cause, être soulevée sur l'existence possible de deux Gui de Roussillon différents. Possible, soit ; mais réelle, nous le nions rondement. Dès lors qu'il a été constaté que nos archives locales ne fournissent aucun indice d'une vacance de siège, ni d'un changement de personnes ; qu'à Rome, ni les bullaires, ni les registres des consistoires, ni les livres de la chambre, ne reconnaissent plus d'un évêque à l'époque précitée, la lumière est faite, et l'on peut soutenir sans crainte qu'il n'y en a pas eu plus d'un. A quoi bon une nouvelle hypothèse en faveur d'une cause désespérée ? Du reste, c'est à ceux qui s'opiniâtreraient à défendre un système aussi insoutenable que l'autre, à fournir leurs preuves, et des preuves établissant clairement, sans amphibologie, que deux hommes portant des noms en tout sem-

(1) Anno primo Johannis (XXIII), die septima mensis maii predicti, dominus Guido de Rosseillione, episcopus Avinionensis, pro suo communi servicio, promisit camere apostolice et collegio mille octingentos florenos auri de camera, et quinque minuta servicia consueta, et recognovit in forma. *Arch. Vat.* Oblig. Coll. a 1409 ad 1415, to. 593, fol. 49.

blables, et néanmoins parfaitement distincts, ont droit à figurer l'un après l'autre sur la liste des évêques d'Avignon. Comme il faudra longtemps pour découvrir ces arguments, nous pouvons passer à autre chose.

En quelle année faut-il mettre la fin de l'épiscopat de Gui de Roussillon ? Nous n'étonnerons personne en disant que cette date est restée jusqu'ici ignorée ou incertaine, les historiens n'ayant pas pu se mettre d'accord à ce sujet. Les uns ont pris parti pour 1429, les autres pour 1432 ; mais aucun d'eux n'ayant apporté la moindre raison à l'appui de son opinion, c'est comme s'ils n'en avaient pas parlé. Nous croyons que cet évêque mourut en 1428 ; dès le mois de janvier de l'année suivante, il est fait mention d'un vicaire capitulaire d'Avignon, dans le *Vidimus* d'un privilège des chevaliers de Saint-Jean de Jérusalem (1). La vacance de l'évêché fut très longue, car ce fut seulement le 9 janvier 1432 que le pape Eugène IV se résolut à le pourvoir d'un autre évêque, en la personne de Marc Gondolmère (2). Mais dès le 20 avril 1429, Martin V avait constitué une administration provisoire (3), qui paraît avoir fonctionné tout le temps où le siège n'eut point de titulaire.

C'est cet interrègne prolongé, fort mal connu de nos écrivains, qui a mis le trouble et la division parmi eux, et les a empêchés de se rendre un compte exact de la succession des évêques d'Avignon. Pour éviter le retour de ces incertitudes, et des contradictions qui en ont été le résultat, nous croyons utile de publier la bulle de Martin V, qui nous fait connaître la disparition de Gui de Roussillon et la nomination d'un

(1) 1423(29). 24 januarii, indict. 7. Poncius de Sado, helemosinarius ecclesie Avinionensis, et officialis Avinionensis pro venerabili capitulo et ecclesia Avinionensi, sede episcopali vacante. *Arch. des B.-du-Rh.* Ordre de Malte, liasse 30.

(2) *Arch. Later.* Eugen. IV. 1431, an. 1. lib. 8, fol. 56 v.

(3) Pièces justif. n° 28.

gouvernement intérimaire. Nous nous dispenserons de donner les provisions du prélat qui, le 9 janvier 1432, vint renouer la succession interrompue, mais nous garantissons l'exactitude de cette date, et par suite la durée de la vacance du siège épiscopal.

Nous terminons ici la série de nos problèmes, que nous aurions pu prolonger indéfiniment, tant la matière est abondante. Notre satisfaction serait grande si nos solutions avaient su intéresser ceux à qui nous les adressons et obtenir leur assentiment, et surtout les convaincre de l'état déplorable dans lequel se trouvent nos livres historiques. Mieux vaudrait un roman fait avec un peu d'habileté, que des histoires où rien n'est sûr, et qu'il faut refaire de fond en comble. Si nos lecteurs n'ont pas été dégoûtés, nous leur donnons rendez-vous ici, l'année prochaine, pour étudier avec eux la partie la plus embrouillée des annales des évêques d'Avignon, à la seconde moitié du XIII⁰ siècle ; nous ne désespérons pas de porter la lumière dans cet inextricable cahos, où les plus clairvoyants ne voient goutte.

Là aussi, il y a de nombreux problèmes à résoudre, des faits curieux à signaler, et d'inconcevables méprises à faire toucher au doigt. Si nous étions encouragé par l'approbation des amis des choses sérieuses, nous ne reculerions pas devant les difficultés d'une tâche passablement ardue, et nous nous flattons d'y réussir. Serait-ce une présomption de notre part ? Nous les en faisons juges.

# PIÈCES JUSTIFICATIVES

## 1

### *Permission de tester, pour Guillaume d'Astre, évêque d'Apt.*

#### 25 juin 1334.

Venerabili fratri Guillelmo, episcopo Aptensi. Quia presentis vite conditio statum habet instabilem, et ea que visibilem habent essentiam tendunt visibiliter ad non esse, tu hac salubri meditatione premeditans, diem tue peregrinationis extreman dispositione suprema desideras prevenire. Nos itaque tuis in hac parte supplicationibus inclinati, ut de bonis mobilibus a te per ecclesiam Aptensem, cui presse dinosceris, licite acquisitis, que altaris vel altarium ipsius ecclesie ministerio, seu alicui speciali eorundem cultui vel usui non fuerint deputata, pro decentibus et honestis expensis tui funeris, et pro remuneratione illorum qui tibi viventi servierint, sive sint consanguinei sive alii, juxta servicii meritum, moderate tamen, disponere ac erogare possis, et aliis, prius de ipsis ere alieno deducto, ut ipsa ecclesia non remaneat debitis obligata, in pios usus ac licitos convertere valeas ; *non obstante quod ordinis fratrum Minorum professor existis*, fraternitati tue plenam et liberam, auctoritate presentium, concedimus facultatem. Volumus autem ut in eorundem dispositione bonorum, juxta quantitatem residui te liberalem exhibeas, prout conscientia tibi dictaverit, et anime tue saluti videris expedire. Datum Avinione, VI. kalendas julii, anno XVIII.

Arch. Vat. Reg. 117. (Joannis XXII. Secrete an. 17-18.) fol. 300, ep. 1571.


## 2

### *Réserve de l'évêché d'Apt, après la mort de Guillaume d'Astre.*

#### 8 octobre 1336.

Dilectis filiis capitulo ecclesie Aptensis. Intendentes pridem, *dum adhuc bone memorie Guillelmus episcopus Aptensis in humanis ageret*, ecclesie Aptensi, si tunc vacabat, vel cum primum eam vacare contingeret, de pastore ydoneo per circumspectionem sedis apostolice providere, ipsius ecclesie provisionem nobis, ea vice, certis et causis rationabilibus que ad hoc nostrum moverunt animum. duximus auctoritate apostolica reservandam, decernentes ex tunc irritum et inane, si secus super hiis per quoscumque, quavis auctoritate, scienter vel ignoranter, contingeret attemptari *Cum autem postmodum intellexerimus* PREFATUM EPISCOPUM FUISSE, *sicut Domino placuit,* VIAM UNIVERSE CARNIS INGRESSUM, vobis districtius inhibemus et mandamus expresse ne, contra reservationem et decretum nostra hujusmodi attemptare aliquid presumatis. Datum Avinione, VIII. idus octobris anno secundo).

Venerabili fratri archiepiscopo Aquensi. Inten*lentes pridem. ea, ut supra proximo, usque* ingressum ; fraternitati tue districtius inhibemus et mandamus expresse, quatenus super provisione ipsius ecclesie, que tibi jure metropolitico subesse dinoscitur, nichil contra reservationem et decretum nostra hujusmodi presumas quomodolibet attemptare. Datum ut supra.

Arch. Vat. Reg. 131. (Bened. XII. Secrete an. 2), fol. 93. epp. 342, 343.

3

*Bulles de Guillaume Audibert, pour la prévôté d'Aire.*

11 juillet 1335.

**Dilecto** filio *magistro Guillelmo Auliberti canonico ac preposito ecclesie Sancti Petri Ariensis, Morinensis diocesis, utriusque juris professori, capellano nostro,* salutem. Obsequiorum tuorum gratitudo laudabilis, que nobis et apostolice sedi fideliter impendisti hactenus, et adhuc sedulus impendere non desistis, necnon litterarum scientia, vite ac morum honestas, aliaque laudabilia tue merita probitatis, nobis utique per familiarem experientiam non innota, non indigne mereatur ut illa te gratia prosequamur per quam ad ipsius sedis continuanda fidelitatis obsequia fortius animeris. Cum itaque canonicatus et prebenda ac prepositura ecclesie beati Petri Ariensis, Morinensis diocesis, que quidem prepositura curam habet animarum, et ad quam quis consuevit per electionem assumi, quas quondam bone memorie Petrus, tituli sancti Stephani in Celio monte presbiter cardinalis, in eadem ecclesia dum viveret obtinebat, per ipsius Petri obitum, qui nuper apud sedem apostolicam diem clausit extremum, apud sedem eandem vacare noscantur ad presens, nullusque de illis preter . . . disponere possit hac vice..., nos volentes tibi, premissorum obsequiorum et meritorum tuorum intuitu, gratiam facere specialem, canonicatum et prebendam ac preposituram predictos, sic vacantes, cum plenitudine juris canonici, ac omnibus juribus et pertinentiis suis, motu proprio, non ad tuam vel alterius pro te nobis oblate petitionis instantiam, sed de nostra mera liberalitate, apostolica tibi auctoritate conferimus, et de illis etiam providemus. Decernentes... Non obstantibus... Volumus autem quod quamprimum, vigore presentium, possessionem canonicatus et prebende ac prepositure ecclesie beati Petri Ariensis predictorum fueris pacifice assecutus, *parochiales ecclesias de Homes et de Miers, Morinensis diocesis, quas obtines*, quasque ex tunc vacare decernimus, omnino dimittere tenearis, quodque nostre littere per quas dignitatem vel personatum seu officium, cum cura vel sine cura, in ecclesia Petragoricensi expectas, et processus habiti per easdem, et quecunque inde secuta, quoad dignitatem vel personatum, seu curatum officium, ex nunc sint cassa et irrita, ac nullius existant roboris vel momenti, eis quod officium non curatum in suo robore permansuris. Nulli ergo... Datum apud Pontem Sorgie, Avinionensis diocesis, V. idus julii, anno primo.

Arch. Vat. Reg. 119. (Bened. XII. Comm. an. 1. parte 1) ep. 645.

4

## *Provisions de Guillaume Audibert, pour l'évêché d'Apt.*

2 décembre 1335.

Dilecto filio Guillelmo, electo Aptensi. Pastoralis officii debitum exigit ut inter sollicitudines varias quibus assidue premimur, circa statum ecclesiarum omnium solertiam adhibentes, ipsarum utilitatibus intendamus, in eo maxime ut vileatis, ne longe vacationis incommoda patiantur, de talium celeriter, nostre diligentie studio, provideatur substitutione pastorum, per quorum circumspectionem providam et providentiam circumspectam, eedem ecclesie, illius cooperante clementia qui pastorum pastor et rector agnoscitur, spiritualiter et temporaliter suscipiant incrementa. Nuper siquidem Aptensi ecclesia *per obitam bone memorie Guillelmi, episcopi Aptensis, qui nuper in partibus illis diem clausit extremum*, pastoris solatio destituta, nos hujusmodi vacatione ipsius ecclesie fidedignis relatibus intellecta, cupientes eidem ecclesie, nostre operationis ministerio, secundum cor nostrum ydoneam approbatamque presidere personam, provisionem ejusdem ecclesie ordinationi et dispositioni nostre ac sedis apostolice, ea vice, duximus specialiter reservandam, decernentes ex tunc irritum et inane, si secus super hoc per quoscunque, scienter vel ignoranter, contingeret attemptari. Et deinde de ipsius ecclesie Aptensis ordinatione celeri et felici, de qua nullus preter nos, post reservationem et decretum predicta, se intromittere potuit, solicite cogitantes, et ad provisionem ipsius prosperam et felicem, ne longe vacationis subjaceret incommodis, paterne sollicitudinis studio intendentes, post deliberationem quam de preficiendo eidem ecclesie personam utilem que sciret, vellet et posset illi preesse utiliter et prodesse, cum fratribus nostris habuimus diligentem, *demum ad te prepositum sancti Petri Ariensis, Morinensis diocesis, utriusque juris professorem, capellanum nostrum, in presbiteratus ordine constitutum*, quem

nobis et eisdem fratribus de honestate morum ac vite conversatione laudabili, maturitate consilii, prudentia spiritualium et temporalium providentia, fidedigna testimonia commendarunt, quique scies et poteris dictam Aptensem ecclesiam utiliter regere et salubriter gubernare, direximus
oculos nostre mentis. Quibus omnibus debita consideratione pensatis, de
persona tua nobis et eisdem fratribus, exigentia hujusmodi meritorum
tuorum accepta, de ipsorum fratrum consilio, eidem Aptensi ecclesie
auctoritate apostolica providemus, teque illi preficimus in episcopum et
pastorem, curam et administrationem ipsius, tam in spiritualibus quam in
temporalibus, plenarie committendo. Firma spe fiduciaque conceptis quod,
dirigente Domino actus tuos, dicta Aptensis ecclesia, per tue industrie ac
circumspectionis fructuosum studium, preservabitur a noxiis et adversis,
ac votivis proficiet prosperitatibus commodi et honoris. Jugum igitur Domini tuis impositum humeris suscipiens reverenter, et suavi ejus oneri
humiliter colla summittens, ejusdem Aptensis ecclesie sollicitam curam
geras, gregem dominicum in illa tibi commissum doctrina verbi et
operis informando. Ita quod eadem ecclesia gubernatori circumspecto et
fructuoso administratori gaudeat se commissam, ac bone fame tue odor ex
laudabilibus tuis actibus latius diffundatur, teque, preter eterne retributionis premium, nostram et dicte sedis benedictionem et gratiam exinde
uberius valeas promereri. Datum Avinione, IIII. nonas decembris, anno
secundo.

Arch. Vat. Reg. 131. (Bened. XII. Comm. an. 2, p. 1). ep. 555.


5

## Sacre de Guillaume Audibert, par l'évêque de Tusculum.

1<sup>er</sup> mars 1337.

Venerabili fratri Guillermo, episcopo Aptensi, salutem, etc. Pridem Aptensi ecclesia solatio destituta pastoris, nos ad personam tuam claris virtutum titulis insignitam nostre mentis aciem dirigentes, te de fratrum nostrorum consilio, eidem ecclesie in episcopum prefecimus et pastorem, curam et administrationem ipsius tibi in spiritualibus et temporalibus plenarie committentes. *Cum autem postmodum per venerabilem fratrem nostrum
Anibaldum, episcopum Tusculanum, fecerimus tibi manus consecrationis impendi,* fraternitati tue per apostolica scripta mandimus, quatenus apostolice sedis beneplacitis te conformans, ad predictam ecclesiam cum nostre
benedictionis gratia te personaliter conferens, sic te in administratione
ipsius diligenter et solicite gerere studeas, ut utilis administratoris industrie non immerito gaudeat se commissam, ac fame laudabilis tue odor ex
tuis probabilibus actibus latius diffundatur, et preter retributionis eterne

premium, nostre benivolentie gratiam et favorem exinde uberius conse-
queris. Datum Avinione, kalendis martii, anno tertio.

Arch. Vat. Reg. 123. (Bened. XII. Comm. an. 3. p. 1.) ep. 330.

## 6

### Permission de tester, pour Guillaume Audibert, évêque d'Apt.

#### 11 mars 1339.

Venerabili fratri Guillelmo, episcopo Aptensi, salutem. Quia presentis
vite conditio statum habet instabilem, et ea que visibilem habent essentiam tendunt visibiliter ad non esse, tu hoc salubri meditatione premeditans, diem tue peregrinationis extremum dispositione testamentaria desideras prevenire. Nos itaque tuis in hac parte supplicationibus inclinati
ut de bonis tuis undecunque, non per ecclesiam seu ecclesias tibi commissas, aliis tamen licite acquisitis, que ad te pertinere omnimodo dinoscun-
tur, libere testari valeas, ac de bonis mobilibus ecclesiasticis tue dispositioni seu administrationi commissis, que tamen non fuerint altaris seu altarium ecclesiarum tibi commissarum ministerio, seu alicui speciali
earundem ecclesiarum divino cultui seu usui deputata, necnon et qui-
buscunque bonis mobilibus a te per ecclesiam seu ecclesias licite acquisitis,
pro decentibus et honestis expensis tui funeris, et pro remuneratione illorum qui tibi viventi serviverint, sive sint consanguinei sive alii, juxta
servicii meritum, moderate tamen, disponere ac erogare, et aliis in
pios ac licitos usus convertere possis, prius tamen de omnibus bonis
predictis ere alienis, ac hiis que pro reparandis domibus seu edifi-
ciis consistentibus in locis ecclesiarum vel beneficiorum tuorum, culpa
vel negligentia tua seu tuorum procuratorum destructis seu deterioratis,
necnon restaurandis aliis juribus earundem ecclesiarum vel beneficiorum
deperditis ex culpa vel negligentia supradictis, fuerint oportuna, deduc-
tis, plenam et liberam fraternitati tue, auctoritate presentium, concedimus
facultatem. Volumus autem ut in eorundem ecclesiasticorum dispositione
bonorum, juxta quantitatem residui, erga ecclesias a quibus eadem per-
cepisti te liberalem exhibeas, prout conscientia tibi dictaverit, et anime
tue saluti videris expedire. Datum Avinione, V. idus marcii, anno
quinto.

Arch. Vat. Reg. 127. (Bened. XII. Comm. an 5.) fol. 93. ep. 95.

## 7

### Translation de Guillaume Audibert à l'évêché de Périgueux.

#### 1er octobre 1341.

Venerabili fratri Guillelmo, episcopo Petragoricensi, salutem, etc. Credite nobis dispensationis urgemur officio, ut qui dispositione divina, cunc-

tis ecclesiis potestatis plenitudine presumus, singularum utilitatibus, cum possumus, sic prospicimus sollicite, sic vigilanter et salubriter intendimus, ut per nostre operationis studium, nunc per simplicis provisionis officium, quandoque vero per ministerium translationis accommode, prout personarum, locorum et temporum qualitas exigit, et ecclesiarum ipsarum utilitas persuadet, ecclesiis singulis pastor accedat ydoneus et rector provisus deputetur, ut ecclesie ipse, superni favoris auxilio suffragante, votive prosperitatis successibus gratulentur. Olim si quidem, bone memorie Raymundo, episcopo Petragoricensi, ecclesie Petragoricensis regimini presidente, nos cupientes ipsi ecclesie, cum eam vacare contingeret, per apostolice sedis providentiam, utilem et ydoneam preesse personam, provisionem ipsius ecclesie, ea vice, ordinationi et dispositioni nostre duximus specialiter reservandam, decernentes ex tunc irritum et inane, si secus super hiis per quoscumque, quavis auctoritate, scienter vel ignoranter, contingeret attemptari. *Postmodum vero, prefata ecclesia per obitum dicti Raymundi episcopi, qui in partibus illis diem clausit extremum, pastoris solatio destituta,* nos considerantes quod nullus preter nos hac vice de ipsius ecclesie ordinatione se intromittere potest, reservatione ac decreto obsistentibus supradictis, ac ad provisionem ipsius celerem et felicem, ne longioris vacationis detrimenta sentiret, paternis et sollicitis studiis intendentes, post deliberationem quam ad preficiendum ipsi ecclesie personam utilem ac etiam fructuosam, que sciret, vellet et posset eam preservare a noxiis et adversis, ac in suis manutere juribus ac etiam augere, cum fratribus nostris diligentem habuimus, *demum ad te ipse Aptensem episcopum,* consideratis grandium virtutum meritis quibus personam tuam Altissimus insignivit, et quod Aptensi ecclesie laudabiliter hactenus prefuisti, *convertimus oculos nostre mentis.* Intendentes itaque tam dicte Petragoricensi ecclesie quam gregi dominico ejusdem salubriter et utiliter providere, te a vinculo quo ipsi Aptensi ecclesie, cui tunc preeras tenebaris, de fratrum nostrorum consilio et apostolice potestatis plenitudine absolventes, *te ad prefatam Petragoricensem ecclesiam transferimus, teque ipsi preficimus in episcopum et pastorem,* curam et administrationem ejusdem Petragoricensis ecclesie tibi, tam in spiritualibus quam in temporalibus, plenarie committendo, liberamque tibi dando licentiam ad prefatam Petragoricensem ecclesiam transeundi. Firma spe fiduciaque conceptis quod, dirigente Domino actus tuos, prefata Petragoricensis ecclesia, per tue industrie ac circumspectionis fructuosum studium, regetur utiliter et prospere dirigetur, grataque in eisdem spiritualibus et temporalibus suscipiet incrementa. Quocirca, fraternitati tue per apostolica scripta mandamus, quatenus ad prefatam Petragoricensem ecclesiam cum gratia nostre benedictionis accedens, curam et administrationem predictas sic geras sollicite, fideliter et prudenter, quod ipsa Petragoricensis ecclesia sponso utili et fructuoso administratori gaudeat se commissam, ac bone fame tue odor ex laudabilibus tuis actibus latius diffundatur, tuque, preter retributionis eterne premium tibi a Domino proventurum, nostre et ejusdem sedis be-

nedictionis et gratie merereris continuum percipere incrementum. Datum
Avinione, kalendis octobris, anno septimo.

Arch. Vat. Reg. 113. Bened. XII. Comm. an 7, fol. 175. ep. 415.

2

*Provisions de Guillaume de l'Estrange pour l'evêché de Carpentras*

4 juillet 1371

Dilecto filio Guillelmo, electo Carpentoratensi, salutem, etc. Apostolatus
officium, quamquam insufficientibus meritis nobis ex alto commissum,
quo ecclesiarum omnium regimini presidemus, utiliter exequi, cooperante
Domino, cupientes, solliciti corde reddimur et solertes, ut cum de ipsarum
regiminibus agitur committendis, tales eis in pastores preficere studeamus
qui commissum sibi gregem dominicum sciant, non solum doctrina verbi
sed exemplo boni operis informare, commissisque sibi ecclesiis in statu
pacifico et tranquillo regat et valeat, duce Domino, salubriter regere et
feliciter gubernare. Dudum siquidem provisiones omnium ecclesiarum cathedralium tunc apud sedem apostolicam vacantium et inantea vacaturarum ordinationi et dispositioni nostre reservantes, decrevimus ex tunc
irritum et inane, si secus super hiis, per quoscumque, quavis auctoritate,
contingeret attemptari. Postmodum vero, *ecclesia Carpentoratensi ex eo pastoris solatio destituta quod nos super venerabilem fratrem nostrum Johannem,
episcopum tunc Carpentoratensem, in archiepiscopum Auxitanum electum,*
apud sedem predictam constitutum, a vinculo quo eidem Carpentoratensi
ecclesie, cui tunc preerat, tenebatur, de fratrum nostrorum consilio et
apostolice potestatis plenitudine absolventes, ipsum *ad ecclesiam Auxitanam tunc vacantem auctoritate apostolica duximus transferendam,* preficiendo
ipsum eidem Auxitane ecclesie in archiepiscopum et pastorem; *nos affec-
tionem ipsius ecclesie Carpentoratensis celerem et felicem,* de qua nullus
preter nos hac vice se intromittere potuit neque potest, reservatione et decreto obsistentibus supradictis, *ne ipsa ecclesia Carpentoratensis longe vacationis
subjaceret incommodis, paternis et sollicitis studiis intendentes,* post deliberationem quam de preficiendo eidem Carpentoratensi ecclesie personam utilem et etiam fructuosam cum fratribus nostris habuimus diligentem, *demum ad te decanum ecclesie Nivernensis, licenciatum in legibus, cappellanum
nostrum,* in presbiteratus ordine constitutum, vite ac morum honestate
decorum, in spiritualibus providum et in temporalibus circumspectum, et
aliis multiplicium virtutum donis, prout familiari experientia novimus, insignitum, *direximus oculos nostre mentis.* Quibus omnibus debita meditatione pensatis, *de persona tua,* nobis et eisdem fratribus ob dictorum tuorum
exigentiam meritorum accepta, *eidem Carpentoratensi ecclesie,* de ipsorum
fratrum consilio, auctoritate apostolica *providemus, teque illi preficimus in*

*episcopum et pastorem*, curam et administrationem ipsius Carpentoratensis ecclesie tibi in spiritualibus et temporalibus plenarie committendo. In illo qui dat gratias et largitur premia confidentes quod ista Carpentoratensis ecclesia, sub tuo felici regimine, grata tibi assistente divina, prospere dirigetur, et salubria in eisdem spiritualibus et temporalibus suscipiet incrementa. Quocirca discretioni tue per apostolica scripta mandamus quatenus impositum tibi a Domino onus regiminis dicte Carpentoratensis ecclesie suscipiens reverenter, sic te in ejus cura salubriter exercens diligentem exhibeas et fructuosam, quod ecclesia ipsi gubernati providi et fructuoso administratori gaudeat se commissam, tuque proinde preter eterne retributionis premium, nostram et dicte sedis benedictionem et gratiam uberius consequi merearis. Datum apud Villam Novam, Avinionensis diocesis. IV. nonis julii, anno primo.

Arch. Vat. Gregor. XI to. 3, fol. 57.

9

### *Provisions de Pierre Laplatte pour l'évêché de Carpentras.*

9 janvier 1376.

Gregorius, episcopus, servus servorum Dei, dilecto filio Petro, electo Carpentoratensi, salutem, etc. Romani pontificis, quem pastor ille celestis et episcopus animarum, potestatis sibi plenitudine tradita, ecclesiis pretulit universis, plena vigiliis sollicitudo requirit ut ipse circa cujuslibet statum ecclesie sic vigilanter excogitet, sicque prospiciat diligenter ut per ejus providentiam circumspectam ecclesiis singulis pastor accedat ydoneus et rector providus deputetur, per quem ecclesie ipse, superni favoris auxilio suffragante, preserventur a noxiis, et votive prosperitatis successibus gratulentur. Dudum siquidem provisiones omnium ecclesiarum cathedralium ex tunc inantea vacaturarum, per translationes de prelatis earum, ubilibet constitutis, per nos faciendas in posterum ad alias ecclesias cathedrales tunc vacantes et in posterum vacaturas, ordinationi et dispositioni nostre duximus reservandas, decernentes ex tunc irritum et inane si secus super hiis, per quoscunque, quavis auctoritate, scienter vel ignoranter, contingeret attemptari. Postmodum vero *ecclesia Carpentoratensi ex eo vacante quod nos venerabilem fratrem nostrum Guillelmum, episcopum tunc Carpentoratensem, in archiepiscopum Rothomagensem electum*, a vinculo quo eidem Carpentoratensi ecclesie, cui tunc preerat, tenebatur, de fratrum nostrorum consilio et apostolice potestatis plenitudine absolventes, ipsum *ad Rothomagensem ecclesiam tunc vacantem duximus auctoritate apostolica transferendum*, preficiendo ipsum eidem Rothomagensi ecclesie in archiepiscopum et pastorem : *nos ad provisionem ipsius Carpentoratensis ecclesie celerem et felicem*, de qua nullus preter nos hac vice se intromittere potuit neque potest, reservatione et decreto obsistentibus supradictis, *te ipsi Carpentoratensis ecclesie longe existenti expedire te merito, favoris et sollicite studio intendimus*, post deliberationem quam de predicando eidem Carpentoratensi ecclesie personam utilem et etiam fructuosam, cum eisdem fratribus nostris habuimus diligentem, *in te et te ipsius ut predicti licitere, ordine et honestate Rector, Magdalones diocesis*, consideratis grandium virtutum tuarum meritis quibus personam tuam prout familiari experientia novimus, Altissimus insignivit, et quod tu eandem Carpentoratensem ecclesiam scies et poteris, auctore Domino, salubriter gubernare, *direximus oculos nostre mentis*. Quibus omnibus debita meditatione pensatis, *de personis tam nobis* et eisdem fratribus, ob dictarum tuarum exigentiam meritorum accepta, *eidem Carpentoratensi ecclesie, de dictorum fratrum consilio auctoritate* apostolica predicta *providemus, teque illi preficimus in episcopum et pastorem*, curam et administrationem ipsius Carpentoratensis ecclesie tibi in spiritualibus et temporalibus plenarie committendo. Firma spe fiduciaque conceptis quod prefata Carpentoratensis ecclesia, sub tua felici regimine, gratia tibi assistente divina prospere et salubriter dirigetur, ac grata in eisdem spiritualibus et temporalibus . . . . let incrementa. Jugum igitur Domini tuis impositum humeris pro . . . . . voti ne suscipiens, curam et administrationem predictas sic exer . . . . tudeas sollicite, fideliter et prudenter, quod ipsa Carpentoratensis ecclesia gubernatori provido et fructuoso administratori gaudeat se commissam, tuque, preter eterne retributionis premium, nostram et dicte sedis benedictionem et gratiam exinde uberius consequi merearis. Datum Avinione, V. Idus januarii, anno sexto.

Arch. Vat. Reg. 243. (Greg. XI. div. bull. an. 6.) fol. 95.

10

## Bulles de Jean Flandrin pour l'archevêché d'Auch.

25 mai 1379.

Dilecto filio Johanni, electo Auxitano, salutem, etc. Romani pontificis, quem pastor ille celestis et episcopus animarum, potestatis plenitudine sibi tradita, ecclesiis pretulit universis, plena vigiliis sollicitudo requirit ut ipse circa cujuslibet statum ecclesie sic vigilanter excogitet sicque prospiciat diligenter, quod per ejus providentiam circumspectam ecclesiis singulis pastor accedat ydoneus et rector providus deputetur, per quem ecclesie ipse, superni favoris auxilio suffragante, preserventur a noxiis et votive prosperitatis successibus gratulentur. Dudum siquidem felicis recordationis Gregorius papa undecimus, predecessor noster, provisiones omnium cathedralium ecclesiarum tunc apud sedem apostolicam vacantium, et imposterum vacaturarum, collationi et dispositioni sue reservavit, ac decrevit ex tunc irritum et inane si secus super hiis per quoscumque, quavis aucteritate, scienter vel ignoranter, contingeret attemptari. *Et deinde ecclesia Auxitana ex eo vacante quod idem predecessor venerabilem fratrem nostrum Johannem Narbonensem, tunc Auxitanum archiepiscopum, apud sedem apostolicam constitutum, a vinculo quo ipsi Auxitane ecclesie, cui tunc preerat,* tenebatur, de fratrum suorum consilio, de quorum numero tunc eramus, et apostolice plenitudine potestatis absolvens, ipsum *ad ecclesiam Narbonensem tunc vacantem auctoritate apostolica transtulit,* preficiendo eum ipsi Narbonensi ecclesie in archiepiscopum et pastorem. *Item predecessor eandem ecclesiam Auxitanam Philippo, olim patriarche Jerosolimitano, et certis causis,* de dictorum fratrum consilio, *auctoritate predicta commendavit,* per eum quamdiu viveret et eidem Jerosolimitane ecclesie preesset, tenendam, regendam et gubernandam. Et subsequenter, dicto predecessore, sicut Domino placuit, sublato de medio, nos divina favente clementia ad apicem summi apostolatus assumpti, cupientes eidem ecclesie Auxitane utilem et ydoneam, per dicte sedis providentiam, presidere personam, provisionem ipsius ecclesie Auxitane ordinationi et dispositioni nostre duximus, ea vice, specialiter reservandam, decernentes ex tunc irritum et inane si secus super hiis per quoscumque, quavis auctoritate, scienter vel ignoranter, contingeret attemptari. *Et deinde commendam hujusmodi,* de fratrum nostrorum consilio, *pro eo quod dictus Philippus post nectis ejusdem Bartholomeo, olim Biterrensi archiepiscopo, qui sedis predictas nullas accepit, adherent actorie,* dando ei auxilium, consilium et favorem, *auctoritate predicta duximus revocandam.* Nos igitur ad provisionem ipsius ecclesie Auxitane, secundum premissa vacantis, celerem et felicem, de qua nullus preter nos hac vice se intromittere potuit neque potest, reservatione et decreto obsistentibus supradictis, ne ecclesia ipsa longe vacationis subjaceat incommodis, paternis et sollicitis studiis intendentes, post deliberationem quam de preficiendo eidem ecclesie personam utilem et etiam fructuosam, cum fratribus nostris habuimus diligentem, *demum ad te dilectum ecclesie Lauduinensis, legum doctorem, in subdiaconatus ordine constitutum,* vite ac morum honestate decorum, in spiritualibus providum et temporalibus circumspectum, aliisque multiplicium virtutum donis, prout fide dignorum testimoniis accepimus, insignitum, *direximus oculos nostre mentis.* Quibus omnibus debita meditatione pensatis, *de persona tua* nobis et eisdem fratribus, ob dictorum tuorum exigentiam meritorum accepta, *eidem Auxitane ecclesie,* de dictorum fratrum consilio, auctoritate predicta *preficimus teque illi preficimus in archiepiscopum et pastorem,* curam et administrationem ipsius Auxitane ecclesie tibi in spiritualibus et temporalibus plenarie committendo. In illo qui dat gratias et largitur premia confidentes quod prefata ecclesia, sub tuo felici regimine, gratia tibi assistente divina, prospere dirigetur, ac grata suscipiet in eisdem spiritualibus et temporalibus incrementa. Jugum igitur Domini tuis impositum humeris devote suscipiens, curam et administrationem predictas sic exercere studeas sollicite, fideliter et prudenter, quod ipsa Auxitana ecclesia gubernatori provido et fructuos) administratori gaudeat se commissum, tuque, preter eterne retributionis premium, benivolentie nostre ac sedis predicte benedictionem et gratiam etiam te uberius consequi merearis. Datum apud Speloncam, Gaietane diocesis, XIII. kalendas junii, anno primo).

Arch. Vat. Clemens VII, t. 15, fol. 451.

11

## Sacre de Jean Flandrin par le cardinal Anglic de Grimoard.

18 décembre 1379.

Littera testimonialis super consecratione reverendi patris domini Johannis, archiepiscopi Auxitani. — Anglicus, miseratione divina episcopus Albanensis, sancte Romane ecclesie cardinalis, tenore presentium notum facimus universis quod nos, de mandato speciali sanctissimi in Christo Patris et domini nostri domini Clementis, divina providentia pape septimi, super hoc nobis vive vocis oraculo specialiter facto, *reverendo in Christo patri domino Johanni Flandrini, et ecclesie Auxitane per eumdem dominum nostrum promoto*, Avinione, in capella domus habitationis nostre, assistentibus nobis reverendis in Christo patribus dominis Conlomiensi, Vapincensi, Senecensi, et Grassensi episcopis, die data presentium, juxta formam sacrorum canonum, *munus consecrationis fecimus impendi*. Datum Avinione, in domo habitationis nostre predicte, sub nostri testimonio sigilli, dominica ante festum Natalis Domini, anno a dicta Nativitate M.CCC.LXXIX, pontificatus dicti domini nostri pape anno secundo.

Biblioth. du Musée Calvet, à Avignon. Cartul. Mss. de Bertrand de Cazis, fol. 87, v°.

12

## Bulle donnant au cardinal Jacques de Via l'administration de l'évêché d'Avignon

20 décembre 1316.

Dilecto filio Jacobo, tituli sanctorum Johannis et Pauli presbiteri cardinalis, administratori ecclesie Avinionensis. Romana mater ecclesia, que super ecclesias universas obtinet, superna dispositione, primatum, circa singulas studio materne pietatis invigilans, earum profectibus solerter intendit, illa studens efficaciter agere quorum suffragio suscipiant, auctore Domino, summotis dispendiis, incrementum. Dudum siquidem, multiplicium virtutum excellentibus meritis, quibus te reddidit clementia divine majestatis insignem, in scrutinio digne considerationis adductis, *te tunc electum Arinionensem ad cardinalatus honorem*, de fratrum nostrorum consilio, *duximus promovendum*, ordinatione ac provisione facienda, ea vice, Avinionensi ecclesie de pastore, dispositioni nostre et sedis apostolice reservata ; decernentes irritum et inane si secus super hoc a quoquam, quavis auctoritate, contigerit attemptari. Nos igitur nolentes quod eadem ecclesia Avinionensis presidio careat defensoris, qui paterne diligentie studiis ejus libenter commodis providemus, ac de circumspectione tua plenam in Domino fiduciam obtinentes, et sperantes quod tu, qui ejusdem ecclesie regimini prefuisti, specialis eam dilectionis affectibus prosequaris, et ad hoc tua desideria sunt intenta quod ex tua promotione concrescat feliciter status ejus, *tibi curam et administrationem ipsius in spiritualibus et temporalibus plenam et liberam, usque ad beneplacitum dicte sedis, prefata auctoritate committimus exercenda*. Quocirca discretioni tue per apostolica scripta mandamus, quatenus, pro nostra et sedis prefate reverentia, onus administrationis hujusmodi devote suscipiens, sic illam sollicite gerere et prosequi studeas diligenter, quod ab eo qui pro minimis grandia recompensat, condigne retributionis premium consequaris, nosque diligentie tue studium dignis in Domino laudibus attollamus. Datum Avinione, xiii. kalendas januarii, anno primo.

Arch. Vat. Reg. 63. (Johan. XXII. Comm. an. 1. p. 1), fol. 350. ep. 60 (de curia).

13

*Diplôme de chapelain pontifical pour Gotius de Rimini.*

7 janvier 1335.

Dilecto filio magistro Gotio de Arimino, juris utriusque professori, canonico Ravennatensi, capellano nostro, salutem. Laudabilium virtutum studia quibus institisti hactenus et incessanter insistis, aliaque tue probitatis merita, nota nobis familiari experientia, promerentur ut personam tuam congruis prosequamur favoribus et condignis honoribus attollamus. Nuper siquidem etc., *ut in proxima superiori*, (te in capellanum nostrum commensalem recipimus, et capellanorum nostrorum commensalium consortio duximus aggregandum) *usque* Datum Avinione, V. idus januarii, anno primo

Arch. Vat. Reg. 119. (Ben. XII. Comm. an. 1. p. 1) fol. 1. ep. 2.

14

## *Bulle de Gotius pour le patriarchat de Constantinople.*

### 14 juin 1335.

Dilecto filio Gotio, electo Constantinopolitano, salutem. Ad exequendum pastoralis officii debitum, quo sumus universis orbis ecclesiis obligati, vigilantibus studiis intendentes, circa statum ecclesiarum ipsarum, et presertim vacantium, aciem attente considerationis solerter extendimus, et de ipsarum profectibus sollicite cogitamus, opem et operam, prout utilius fore perpendimus, solertius impendentes, ut per bonos et dignos rectores eedem ecclesie gubernentur, ac per eruditos ministros in spiritualibus fulgeant, et per dispensatores prudentes efferantur in temporalibus multimodis incrementis. Dudum siquidem ecclesia Constantinopolitana, cui Negropontensis ecclesia erat, prout est, per apostolicam sedem unita, per obitum bone memorie Cardinalis, patriarche Constantinopolitani, qui in partibus illis diem clausit extremum, pastoris solatio destituta, nos ad provisionem ejusdem ecclesie celerem et felicem, ne prolixe vacationis subjaceret incommodis, paternis et sollicitis studiis intendentes, post deliberationem quam de preficiendo eidem Constantinopolitane ecclesie personam utilem et etiam fructuosam cum fratribus nostris habuimus diligentem, *demum ad te precentorem ecclesie Carpentoratensis, cap̄ lanum nostrum in presbiteratus ordine constitatum,* quem litterarum scientia preditum, morum et vite honestate decorum, conversatione laudabili et consilii maturitate dotatum, in spiritualibus providum et in temporalibus circumspectum, et aliis virtutum meritis per familiarem experientiam novimus multipliciter insignitum, direximus oculos nostre mentis. Quibus omnibus diligenti meditatione pensatis, de persona tua nobis et eisdem fratribus nostris, ob tuorum exigentiam meritorum, accepta, eidem ecclesie Constantinopolitane, de dictorum fratrum consilio, auctoritate apostolica providemus, teque illi in patriarcham preficimus et pastorem, curam et administrationem Constantinopolitane et Negropontensis ecclesiarum predictarum tibi in spiritualibus et temporalibus plenarie committendo. In illo qui dat gratias et largitur premia confidentes quod eadem Constantinopolitana ecclesia, sub tuo felici regimine, gratia tibi suffragante divina, prospere dirigetur et salubria suscipiet incrementa. Jugum igitur Domini tuis impositum humeris prompta devotione suscipiens, ipsius ecclesie Constantinopolitane commissum tibi regimen sic exercere studeas fideliter, solicite et prudenter, quod dicte Constantinopolitana et Negropontensis ecclesie sponso utili et gubernatori provido gaudeant se commissas, tuque proinde, preter eterne retributionis premium, nostre benedictionis augmentum, ac ejusdem sedis gratiam uberius consequi merearis. Datum Avinione, XVIII. kalendas julii, anno primo.

Arch. Vat. Reg. 119. (Ben. XII. Comm. an. 1. p. 1) ep. 479.

15

## Bulle qui autorise Gotius à garder tous ses bénéfices.

**13 juillet 1335.**

Dilecto filio Gotio, electo Constantinopolitano, capellano nostro, salutem. Sincere devotionis affectus quem ad nos et Romanam geris ecclesiam promeretur ut in his que sunt favoris et gratie nos tibi promptos gaudeas invenisse. Cum itaque nuper Constantinopolitane ecclesie, tunc vacanti, de persona tua nobis et fratribus nostris, ob tuorum exigentiam meritorum accepta, de fratrum eorumdem consilio, auctoritate apostolica duxerimus providendum, preficientes te in patriarcham eidem ecclesie et pastorem, prout in nostris inde confectis litteris plenius continetur ; nos tuis supplicationibus inclinati, tempus recipiendi munus consecrationis a canonibus diffinitum, infra quod adhuc esse dinosceris, usque ad primam dominicam quadragesime proxime instantis, eadem auctoritate, de speciali gratia prorogamus. Tibi nichilominus quod beneficia ecclesiastica, videlicet *canonicatus, prebendas, cum prestimoniis et prestimonialibus portionibus Palentinensis, Burgensis, Carpentoratensis, Ravennatensis, ac ejusdem Carpentoratensis ecclesiarum precentoriam, necnon officium capellanie nostre, cum stipendiis consuetis, que tempore promotionis tue ad eamdem Constantinopolitanam ecclesiam obtinebas, sicut adhuc obtines,* una cum patriarchatu Constantinopolitano licite retinere valeas, constitutione quacumque contraria non obstante, de speciali gratia, auctoritate eadem concedentes. Proviso quod interim taliter de ipsius ecclesie Constantinopolitane administratione provideas quod ipsa in spiritualibus non ledatur, nec in temporalibus detrimentum propterea patiatur ; quodque beneficia hujusmodi interim etiam debitis obsequiis non fraudentur. Nulli, ergo etc. nostre prorogationis et concessionis infringere, etc. Datum apud Pontem Sorgie, Avinionensis diocesis, III. idus julii, anno primo.

Ibid. ep. 649.

15

*Provisions de Ratier de Miremont pour l'évêché de Vaison.*

24 avril 1336.

Dilecto filio Ratherio, electo Vasionensi, salutem, *et cetera*. In supreme dignitatis specula, licet inmeriti, disponente Domino, constituti, curis continuis angimur et pulsamur insultibus successivis, ut de personis talibus provideatur ecclesiis pastoribus destitutis, quarum industria et virtute eedem ecclesie, ne longe vacationis dispendia patiantur, in suis juribus et libertatibus conserventur, reddatur tranquillior cleri status, et commodis salutis et gaudii plebs letetur. Nuper siquidem, *Vasionensi ecclesia per obitum bone memorie Raimandi, Vasionensis episcopi, qui nuper in partibus aliis diem clausit extremam, pastoris solatio destituta*, nos, vacatione hujusmodi fidedignis relatibus intellecta, cupientes eidem ecclesie per apostolice sedis providentiam personam utilem presidere, provisionem ejusdem ecclesie, ea vice, dispositioni et ordinationi nostre et sedis apostolice duximus specialiter reservandam, decernentes ex tunc irritum et inane si secus super hiis per quoscumque, quavis auctoritate, scienter vel ignoranter, contingeret attemptari. Deinde vero de ipsius ecclesie provisione celeri et felici, de qua nullus preter nos, post reservationem et decretum hujusmodi se intromittere potuit, sollicite cogitantes, et cupientes talem ipsi ecclesie presidere pontificem qui salubriter preesse posset eidem ecclesie ac prodesse, post deliberationem quam infra nos ipsos et deinde cum fratribus nostris super hoc attentam habuimus, *demum ad te archidiaconum Lhautricensem in ecclesia Albiensi, in presbiteratus ordine constitutum, cappellanum nostrum*, quem litterarum scientia preditum, elegantia morum conspicuum, nitidum vite munditia, honestate decorum, ac in spiritualibus providum et in temporalibus circumspectum, et aliis virtutum meritis insignitum accepimus, quique dictam ecclesiam Vasionensem scies et poteris utiliter regere et salubriter gubernare, *direximus oculos nostre mentis.* Quibus omnibus debita meditatione pensatis, *de persona tua* nobis et eisdem fratribus, exigentia hujusmodi meritorum tuorum accepta, de dictorum fratrum consilio, *eidem Vasionensi ecclesie preficimus, teque illi preficimus in episcopum et pastorem*, curam et administrationem ipsius tibi tam in spiritualibus quam in temporalibus plenarie committendo. Firma spe fiduciaque tenentes quod, dirigente Domino actus tuos, dicta Vasionensis ecclesia, per tue industrie et circumspectionis fructuosum studium, preservabitur a noxiis et adversis, ac spiritualibus et temporalibus proficiet incrementis. Jugum igitur Domini tuis impositum humeris suscipiens reverenter, et suavi ejus oneri humiliter colla submittens, ejusdem ecclesie Vasionensis sollicitam curam geras, gregem dominicum in illa tibi commissam doctrina verbi et operis informando ; ita quod dicta ecclesia Vasionensis gubernatori circumspecto et fructuoso administratori gaudeat se commissam, ac bone fame tue odor et laudabilibus tuis actibus diffundatur, tuque, preter retributionis eterne premiam, nostram et sedis apostolice benedictionem et gratiam exinde uberius valeas promereri. Datum Avinione, VIII. kalendas maii, anno secundo.

Arch. Vat. Reg. 122. (Ben. XII. Comm. an. II. p. 2) ep. 6.

17

## Nomination de Pierre Laplotte à l'abbaye de Charroux.

### 29 janvier 1369.

Dilecto filio Petro, abbati monasterii Karrofensis, ordinis sancti Benedicti, Pictavensis diocesis. Suscepti cura regiminis cor nostrum continua pulsat instantia ut sollicitudinis debitum, ad quod universis orbis ecclesiis et monasteriis nos apostolice servitutis necessitas obligat, earum singulis, prout nobis ex alto conceditur, exolvamus, in eo potissime ut illorum regimina que suis sunt destituta pastoribus personis talibus committantur per quorum solertiam et sollicitudinem circumspectam, ecclesie et monasteria ipsa in spiritualibus et temporalibus valeant adaugeri. Nuper siquidem quondam Guillermo, abbate monasterii Karrofensis, ordinis sancti Benedicti, Pictavensis diocesis, regimini dicti monasterii presidente, nos cupientes eidem monasterio, cum vacaret, per apostolice sedis providentiam, utilem et ydoneam presidere personam, provisionem ipsius monasterii ordinationi et dispositioni nostre duximus ea vice specialiter reservandam, decernentes ex tunc irritum et inane, si secus super hiis per quoscumque, quavis auctoritate, scienter vel ignoranter, contingeret attemptari. Postmodum vero, dicto monasterio per obitum ipsius Guillermi abbatis, qui extra Romanam curiam diem clausit extremum, vacante, nos vacatione hujusmodi fidedignis relatibus intellecta, ad provisionem ipsius monasterii celerem et felicem, de qua nullus preter nos hac vice se intromittere potuit, neque potest, reservatione et decreto obsistentibus supradictis, ne dictum monasterium longe vacationis exponeretur incommodis, paternis et sollicitis studiis intendentes, post deliberationem quam de preficiendo eidem monasterio personam utilem et etiam fructuosam cum fratribus nostris habuimus diligentem, *demum ad te priorem prioratus sancti Angeli, dicti ordinis, Lemovicensis diocesis, in sacerdotio constitutum,* cui de religionis zelo, litterarum scientia, vite ac morum honestate, aliisque multiplicium virtutum meritis, apud nos fidedigna testimonia perhibentur, *direximus oculos nostre mentis.* Quibus omnibus debita meditatione

- 67 -

pensatis, *de persona tua eidem monasterio*, de dictorum fratrum consilio, auctoritate apostolica *providemus, teque illi preficimus in abbatem*, curam et administrationem ipsius monasterii tibi in spiritualibus et temporalibus plenarie committendo. In illo qui dat gratias et largitur premia confidentes quod dictum monasterium, sub tuo felici regimine, gratia tibi assistente divina, prospere dirigetur, et salubria suscipiet incrementa. Quocirca discretioni tue per apostolica scripta mandamus quatenus impositum tibi a Domino onus regiminis dicti monasterii devote suscipiens, curam et administrationem predictas sic fideliter geras et solicite prosequaris, quod prefatum monasterium administratori fructuoso gaudeat se commissum, tuque proinde, preter eterne retributionis premium, nostram et dicte sedis benedictionem et gratiam uberius consequi merearis. Datum Rome, apud Sanctum Petrum, IV. kalendas februarii, anno VII.

Arch. Vat. Urban. V. to. 20, fol. 149.

18

## Translation de Pierre Laplotte à l'abbaye d'Aniane.

13 août 1373.

Dilecto filio Petro, abbati monasterii Aniane, ordinis sancti Benedicti, Magalonensis diocesis, salutem et apostolicam benedictionem. Suscepti cura regiminis... Sane, monasterio Aniane, ordinis sancti Benedicti, Magalonensis diocesis, ex eo abbatis regimine destituto quod nos hodie de persona dilecti filii Petri, electi Magalonensis, tunc abbatis dicti monasterii, apud sedem apostolicam constituti, ecclesie Magalonensi tunc vacanti duximus auctoritate apostolica providendum, preficiendo eum eidem ecclesie in episcopum et pastorem ; nos ad provisionem ipsius monasterii celerem et felicem, ne longe vacationis exponeretur incommodis, paternis et sollicitis studiis intendentes, post deliberationem quam de preficiendo ipsi monasterio personam utilem et etiam fructuosam cum fratribus nostris habuimus diligentem, *demum et te abbatem monasterii Karrofensis, dicti ordinis, Pictavensis diocesis*, consideratis grandium virtutum tuarum meritis, quibus personam tuam familiari experientia novimus insignitam, et quod tu, qui regimini ejusdem monasterii Karrofensis hactenus laudabiliter prefuisti, prefatum monasterium Aniane scies et poteris, auctore Domino, salubriter gubernare, *direximus oculos nostre mentis*. Quibus omnibus debita meditatione pensatis, *de persona tua eidem monasterio Aniane*, de dictorum fratrum consilio, auctoritate apostolica *preficimus, teque illi preficimus in abbatem*, curam et administrationem ipsius monasterii Aniane tibi in spiritualibus et temporalibus plenarie committendo. Firma spe fiduciaque conceptis quod, dirigente Domino actus tuos, prefatum monasterium Aniane, per tue industrie et circumspectionis studium fructuosum, regetur utiliter et prospere dirigetur, ac grata in eisdem spiritualibus et temporalibus suscipiet incrementa. Quocirca discretioni tue per apostolica scripta mandamus quatenus impositum tibi onus regiminis dicti monasterii Aniane supportans reverenter, sic te in ejus cura salubriter exercenda fidelem exhibeas ac etiam fructuosum, quod idem monasterium Aniane, per laudabile tue diligentie studium, gubernatori provido et fructuoso administratori gaudeat se commissum, tuque, preter eterne retributionis premium, nostram et dicte sedis benedictionem et gratiam exinde uberius consequi merearis. Datum apud Villam Novam, Avinionensis diocesis, idus augusti, pontificatus nostri anno tertio.

Arch. Vat. Greg. xL. to. 18, fol. 59.

19

### *Bulle de Pierre Laplotte pour l'évêché de St-Pons-de-Thomières.*

5 novembre 1397.

Venerabili fratri Petro, episcopo sancti Poncii Thomeriarum, salutem, etc. Romani pontificis, quem pastor ille celestis et episcopus animarum, potestatis sibi plenitudine tradita, ecclesiis pretulit universis, plena vigiliis solicitudo requirit ut ipse circa statum cujuslibet ecclesie sic vigilanter excogitet sicque prospiciat diligenter, quod per ejus providentiam circumspectam, nunc per simplicis provisionis officium, nunc vero per ministerium translationis accommode, prout personarum, locorum et temporum qualitas exigit, ecclesiis singulis pastor accedat ydoneus et rector providus deputetur, qui ecclesiam sibi commissam, per suam circumspectionem providam et providentiam circumspectam, salubriter dirigat et informet, ac bona ecclesie sibi commisse non solum gubernet utiliter, sed etiam multimodis efferat incrementis. Dudum siquidem, felicis recordationis Clemens Papa VII, predecessor noster, provisiones omnium ecclesiarum cathedralium apud sedem apostolicam tunc vacantium, et in antea vacaturarum, ordinationi et dispositioni sue reservavit, ac decrevit ex tunc irritum et inane, si secus super hiis per quoscumque, quavis auctoritate, scienter vel ignoranter, contingeret attemptari. Et deinde, ecclesia sancti Poncii Thomeriarum ex eo vacante quod idem predecessor venerabilem fratrem nostrum Dominicum, Albiensem, tunc sancti Poncii Thomeriarum episcopum, apud sedem eamdem constitutum, a vinculo quo eidem ecclesie, cui tunc preerat, tenebatur, de fratrum suorum consilio et apostolice potestatis plenitudine absolvens, eum ad ecclesiam Albiensem tunc vacantem auctoritate apostolica transtulit, ipsumque illi prefecit in episcopum et pastorem ; idem predecessor dictam ecclesiam sancti Poncii Thomeriarum sic vacantem venerabili fratri nostro Aymoni, patriarche

Jherosolimitano, de dictorum fratrum consilio, auctoritate predicta commendavit, per eum, quam fua ecclesie Jherosolimitane, cui tunc preerat, preesset, tenendam, regendam et etiam gubernandam ; et subsequenter, prefato predecessore, per eum de dicta ecclesia sancti Poncii Thomeriarum alias non disposito, sicut Domino placuit, ab hac luce subtracto, nos divina favente clementia ad apicem summi pontificatus assumpti, cum ab aliquibus revocaretur in dubium an aliquis, preter Romanum pontificem, de ecclesiis episcopalibus per dictum predecessorem dispositioni sue reservatis, et tempore sui obitus vacantibus, disponere potuisset sive posset, nos ad hoc ambiguitatis tollendum dubium, declaravimus ecclesias ipsas per hujusmodi reservationem et decretum remansisse et remanere affectas, nullumque preter Romanum pontificem de illis potuisse sive posse disponere quoquomodo, ac decrevimus irritum, prout erat, et inane quicquid in contrarium per quoscumque, quavis autoritate, scienter vel ignoranter, attemptatum forsan erat vel contingeret imposterum attemptari ; et demum commendam hujusmodi, ex certis causis, duximus revocandam. Nos igitur ad provisionem ejusdem ecclesie sancti Poncii Thomeriarum, secundum premissa vacantis, celerem et felicem, de qua nullus preter Romanum pontificem hac vice se intromittere potuit neque potest, reservatione, commenda, declaratione et decretis obsistentibus supradictis, ne longe vacationis exponeretur incommodis, paternis et sollicitis studiis intendentes, post deliberationem quam de preficiendo eidem sancti Poncii Thomeriarum ecclesie personam ydoneam et etiam fructuosam cum fratribus nostris habuimus diligentem, *demum ad te episcopam Carpentoratensem*, consideratis grandium virtutum meritis quibus personam tuam altissimus insignivit, et *quod tu qui regimini Carpentoratensis ecclesie hactenus laudabiliter prefuisti, eandem sancti Poncii Thomeriarum ecclesiam scies et poteris, auctore Domino, salubriter regere et feliciter gubernare, convertimus oculos nostre mentis.* Intendentes igitur tam eidem sancti Poncii Thomeriarum ecclesie quam ejus gregi dominico salubriter providere, *te a vinculo quo eidem Carpentoratensi ecclesie, cui tunc preeras, tenebaris,* de dictorum fratrum consilio et apostolice potestatis plenitudine *absolventes, te ad prefatam ecclesiam sancti Poncii Thomeriarum auctoritate apostolica transferimus, teque illi preficimus in episcopam et pastorem,* curam et administrationem ipsius ecclesie sancti Poncii Thomeriarum tibi in spiritualibus et temporalibus plenarie committendo, liberamque tibi dando licentiam ad ipsam ecclesiam sancti Poncii Thomeriarum transeundi. Firma spe fiduciaque conceptis... Datum Avinione, nonis novembris, anno quarto.

Arch. Vat. Reg. 322. (Bened. XIII. an IV.) fol. 6.

20

*Bulle de Pierre Ravat pour l'évêché de Saint-Pons-de-Thomières.*

29 mars 1398

Venerabili fratri Petro, episcopo sancti Poncii Thomeriarum, salutem, etc. Romani pontificis, quem pastor ille celestis…, sed etiam multimodis votive prosperitatis efferat incrementis. *Datum siquidem bone memorie Petro, episcopo sancti Poncii Thomeriarum, regimini sa. Poncii Thomeriarum ecclesie presidente*, nos cupientes eidem ecclesie, cum vacaret, per operationis nostre ministerium, utilem et ydoneam presidere personam, provisionem ejusdem ecclesie ordinationi et dispositioni nostre duximus ea vice specialiter reservandam, decernentes ex tunc irritum et inane si secus super hoc per quoscunque, quavis auctoritate, scienter vel ignoranter, contingeret attemptari. *Postmodam vero prefata ecclesia per obitum ipsius Petri episcopi, qui extra Romanam ecclesiam diem clausit extremam*, vacante, nos vacatione hujusmodi fidedignis relatibus intellecta, ad provisionem ipsius ecclesie celerem et felicem, de qua nullus preter nos hac vice se intromittere potuit neque potest, reservatione et decreto obsistentibus supradictis, ne ecclesia ipsa longe vacationis exponeretur incommodis, paternis et sollicitis studiis intendentes, post deliberationem quam de proficiendo eidem ecclesie personam utilem et etiam fructuosam cum fratribus nostris habuimus diligentem, *demum ad te episcopum Matisconensem, referendarium nostrum*, consideratis grandium virtutum meritis quibus personam tuam divina gratia insignivit, et quod tu qui regimini ecclesie Matisconensis hactenus laudabiliter prefuisti, dictam sancti Poncii Thomeriarum ecclesiam scies et poteris, auctore Domino, utiliter regere et feliciter gubernare, *nostrum animum duximus dirigendum*. Intendentes igitur tam dicte sancti Poncii Thomeriarum ecclesie quam ejus gregi dominico salubriter providere, te a vinculo quo eidem Matisconensi ecclesie, cui tunc preeras, tenebaris, de dictorum fratrum consilio et apostolice potestatis plenitudine absolventes, *te ad dictam sancti Poncii Thomeriarum ecclesiam auctoritate apostolica transferimus*, teque illi preficimus in episcopum et pastorem, curam et administrationem ipsius sancti Poncii Thomeriarum ecclesie tibi in spiritualibus et temporalibus plenarie committendo, liberamque tibi dando licentiam ad eandem sancti Poncii Thomeriarum ecclesiam transeundi. Firma spe fiduciaque concepta quod, tuos actus et opera illius clementia dirigente a quo universorum carismatum dona proveniunt, prelibate sancti Poncii Thomeriarum ecclesie, per tuam diligentem solertiam, honoris et prosperitatis multiplicium votiva provenient incrementa. Quocirca fraternitati tue per apostolica scripta mandamus, quatenus ad pre-

fatam sancti Poncii Thomeriarum ecclesiam cum gratia nostre benedictionis accedens, curam et administrationem predictas sic diligenter geras
et sollicite prosequaris, quod ipsa sancti Poncii Thomeriarum ecclesia
gubernatori circumspecto et fructuoso administratori gaudeat se commissam, ac bone fame tue odor et laudabilibus tuis actibus latius diffundatur,
tuque, preter eterne retributionis premium, nostre benedictionis augmentum et ipsius sedis gratiam exinde uberius consequi merearis. Datum
Avinione, IV. kalendas aprilis, anno quarto.

Arch. Vat. Reg. 311. (Bened. XIII. an. IV) fol. 11 v°.

22

## *Provisions de Jean Revelli pour l'évêché d'Orange.*

### 7 janvier 1349

Dilecto filio Johanni Revelli, electo Aurasicensi, salutem, etc. Apostolatus officium, quanquam insufficientibus meritis, nobis ex alto commissum,
quo ecclesiarum omnium regimini presidemus, utiliter exequi coadjuvante
Domino cupientes, solliciti corde reddimur et solertes, ut cum de ipsarum
regiminibus agitur committendis, tales eis in pastores preficere studeamus
qui commissum sibi gregem dominicum sciant, non solum doctrina verbi
sed exemplo etiam boni operis informare, commissasque sibi ecclesias in
statu pacifico et tranquillo velint et valeant, duce Domino, gubernare.
Dudum siquidem, *bone memorie Guilelmo, episcopo Aurasicensi, regimini
Aurasicensis ecclesie presidente,* nos cupientes eidem ecclesie, cum eam
quovis modo vacare contingeret, nostre operationis ministerio ydoneam
presidere personam, provisionem ejusdem ecclesie ordinationi et dispositioni nostre ac sedis apostolice duximus ea vice specialiter reservandam,
decernentes ex tunc irritum et inane si secus super hiis per quoscunque,
quavis auctoritate, scienter vel ignoranter, contingeret attemptari. Postmodum vero, *predicta ecclesia per obitum ejusdem Guilelmi, qui extra Romanam curiam diem clausit extremam, pastoris solatio destituta,* nos vacatione
hujusmodi fidedignis relatibus intellecta, ad provisionem ipsius ecclesie
celerem et felicem, ne longe vacationis exponeretur incommodis, paternis
et sollicitis studiis intendentes, cupientes quoque talem eidem ecclesie
preesse personam que sciret, vellet et posset eandem ecclesiam in suis
manutenere juribus ac etiam adaugere, ipsamque preservare a noxiis et
adversis, post deliberationem quam super hiis cum fratribus nostris habuimus diligentem, *demum ad te ordinis fratrum predicatorum professorem, in
sacerdotio constitutum,* quem litterarum scientia preditum, vite ac morum
honestate decorum, in spiritualibus providum et in temporalibus circumspectum, ac aliis virtutum multiplicium meritis laudabiliter insignitum, ex
testimoniis fidedignis accepimus, *direximus aciem nostre mentis.* Quibus
omnibus debita meditatione pensatis, *de persona tua,* nobis et eisdem

fratribus consideratione premissorum accepta, *prefate Aurasicensi ecclesie,
de ipsorum fratrum consilio, auctoritate apostolica preificimus, tejue tibi
preficimus in episcopum et pastorem*, curam et administrationem ipsius
Aurasicensis ecclesie tibi tam in spiritualibus quam in temporalibus plenarie
committendo. Firma ducti fiducia quod actus tuos et opera illius a quo
universorum carismatum dona proveniunt clementia dirigente, prefata
Aurasicensis ecclesia, per tuam curiosam solertiam tuumque ministerium
studiosum, regetur utiliter et prospere dirigetur. Jugum igitur Domini
humeris tuis impositum suscipiens reverenter, et suavi ejus oneri humiliter colla summittens, ipsius Aurasicensis ecclesie sollicitam curam geras,
gregem dominicum in illa tue vigilantie creditum doctrina verbi et operis
informando ; ita quod eadem Aurasicensis ecclesia gubernatori circumspecto et fructuoso administratori gaudeat se commissam, ac bone fame
tue odor ex tuis laudabilibus actibus latius diffundatur, tuque proinde
eterne retributionis premium, nostre benedictionis augmentum, ac sedis
ejusdem gratiam uberius consequi merearis. Datum Avinione, VII. idus
januarii, anno septimo.

Arch. Vat. Reg. 188. (Clem. VI. Comm. an. 7. lib. 4. p. 1.<br>fol. 93 v°. ep. 148.

22

*Permission de tester pour Jean, évéque d'Orange.*

15 août 1361

Venerabili fratri Johanni, episcopo Aurasicensi, salutem et apostolicam
benedictionem. Quia presentis vite conditio statum habet instabilem...
Nos itaque tuis in hac parte supplicationibus inclinati, ut de bonis mobilibus a te per ecclesiam Aurasicensem, cui preesse dignosceris, licite acquisitis,... pro decentibus et honestis expensis funeris tui, et pro remuneratione illorum qui tibi viventi serviverint, sive sint consanguinei, sive alii,
juxta servicii meritum, moderate tamen, disponere et erogare possis, et
alias... in pios usus et licitos convertere valeas, *non obstante quod ordinis
fratrum predicatorum professor existis*, fraternitati tue plenam et liberam
auctoritate presentium concedimus facultatem. Volumus autem quod in
eorundem dispositione bonorum, juxta quantitatem residui, erga dictam
ecclesiam te liberalem exhibeas, prout conscientia tibi dictaverit, et anime
tue saluti videris expedire. Datum Avinione, XVIII. kalendas septembris,
anno nono.

Arch. Vat. Innoc. VI. to. 25, fol. 491 v°.

23

## *Acte fixant la mort de Jean Revelli, évêque d'Orange.*

### 30 septembre 1367

Die XVII<sup>a</sup> augusti (1368). Cum dudum, videlicet XV<sup>a</sup> die mensis januarii, de anno Domini M.CCC.LXVIII, indictione VI, pontificatus sanctissimi in Christo patris et domini nostri domini Urbani, divina providentia pape quinti, anno VI, *domino Johanne, bone memorie, episcopo Aurasicensi, ab hac luce subtracto, videlicet ultima die mensis septembris precedentis,* venerabilis vir dominus *Johannes Revelli,* executor et executorio nomine, *consanguineusque dicti quondam domini episcopi,* super bonis jam dicti episcopi, cujus bona, debita et credita, ante ipsius obitum fuerant dispositioni sedis apostolice reservata, habita informatione bonorum predictorum et legatorum piorum, et aliorum contentorum in ipsius episcopi testamento,... cum domino camerario et clericis camere, nomine camere apostolice, composuit gratiose, videlicet in ducentis L. florenis de Florentia, solvendis camere apostolice, ubi camera apostolica et Romana curia resideret, in festo beati Johannis Babtiste proxime futuro... Quos quidem II<sup>c</sup> L. florenos de Florentia, *dicto domino Johanne Revelli* pro dicta executione solvente et manualiter assignante, Andreas Ticii de Pistorio, mercator Avinione commorans, ad Romanam curiam per modum cambii assignare tenetur.

Arch. Vat. Introitus et exitus camere apost. 1367. to. 322, fol. 33 v°.

24

## *Bulles de François de Caritat pour l'abbaye de Cruis.*

### 14 janvier 1349

Dilecto filio Francisco, abbati monasterii Sancti Martini de Croisio, ordinis Sancti Augustini, Sistaricensis diocesis, salutem, etc. Inter sollicitudines varias quibus assidue premimur, illa potissime pulsat et excitat mentem nostram, ut status ecclesiarum et monasteriorum omnium cure nostre divina providentia commissorum spiritualiter et temporaliter augeatur, quodque illis que suis sunt destituta pastoribus et vacationis incommodis subjacere noscuntur tales in ministros preficere studeamus, quorum regimine valeant prospere dirigi et salubriter gubernari. Dudum siquidem *quondam Berengario de Anseduna, abbate monasterii Sancti Martini de Crassio* (1), ordinis Sancti Augustini, Sistaricensis diocesis, regimini ejusdem monasterii presidente, nos intendentes eidem monasterio, cum vacaret, per apostolice sedis providentiam, ydoneam preesse personam, provisionem ipsius monasterii ea vice dispositioni nostre duximus specialiter reservandam, decernentes et tunc irritum et inane si secus super hiis a quoquam, quavis auctoritate, scienter vel ignoranter, contingeret attemptari. Postmodum vero, prefato monasterio *per obitum dicti Berengarii abbatis*, qui in partibus illis diem clausit extremam, abbatis regimine destituto, nos, vacatione hujusmodi fidedignis relatibus intellecta, ad provisionem ipsius monasterii celerem et felicem, de qua nullus preter nos hac vice se intromittere potuit, reservatione et decreto obsistentibus supradictis, paternis et sollicitis studiis intendentes, post deliberationem quam de preficiendo eidem monasterio personam utilem et etiam fructuosam cum fratribus nostris habuimus diligentem, *demum ad te priorem prioratus de Camereto, dicti ordinis, Aurasicensis diocesis, licenciatum in decretis, ordinem ipsam expresse professum, et in sacerdotio constitutam*, cui de religionis zelo, litterarum scientia, vite munditia, et aliis multiplicium virtutum meritis apud nos fidedigna testimonia perhibentur, *convertimus oculos nostre mentis*. Quibus omnibus attenta meditatione pensatis, *de persona tua eidem monasterio*, de dictorum fratrum consilio, auctoritate apostolica *providemus, teque illi preficimus in abbatem*, curam et administrationem ipsius monasterii tibi tam in spiritualibus quam in temporalibus plenarie committendo. Firma spe fiduciaque concepta quod, dirigente Domino actus tuos, dictum monasterium per tue circumspectionis studium fructuosum regetur utiliter et prospere dirigetur. Quocirca, discretioni tue per apostolica scripta mandamus, quatenus impositum tibi onus a Domino devote suscipiens, curam et administrationem predictis sic prudenter geras et sollicite prosequaris, quod prefatum monasterium studioso administratori gaudeat se commissum, tuque proinde premium eterne retributionis acquiras, ac nostram et apostolice sedis benedictionem et gratiam uberius consequi merearis. Datum Avinione, XVIIII. kalendas februarii, anno septimo.

Arch. Vat. Clem. VII (2). to. 37. fol. 113.

(1) Ni François de Caritat, ni Bérenger d'Ancesune, son prédécesseur, ne se trouvent dans la liste des abbés de Cruis, qui a été donnée le *Gallia Christiana*, to. I. col. 512.

(2) Ce volume, égaré parmi les registres de Clément VII, aux archives du Vatican, appartient en réalité à Clément VI, comme on en juge facilement par les pièces qu'on y trouve.

25

## Bulles de François de Caritat pour l'abbaye de Sahun.

### 7 juin 1350

Dilecto filio Francisco, abbati monasterii de Sione, ordinis Sancti Augustini, Valentinensis diocesis, salutem, etc. Suscepti cura regiminis cor nostrum continua pulsat instantia ut sollicitudinis debitum, ad quod universis ecclesiis et monasteriis nos apostolice servitutis necessitas obligat, eorum singulis, prout nobis ex alto conceditur, exsolvamus, in eo potissime ut illorum regimina que suis sunt destituta pastoribus, personis talibus per nostre diligentie studium committantur, per quarum solertiam circumspectam et circumspectionem solertem continuum in spiritualibus et temporalibus recipere valeant incrementum. Nuper siquidem monasterio de Sione, ordinis Sancti Augustini, Valentinensis diocesis, ex eo abbatis regimine destituto *quod dilectus filius Raymundus, canonicus, tunc abbas dicti monasterii,* per dilectum filium Raymundum Boceti, clericum Sancti Flori diocesis, procuratorem suum ad hoc ab eo specialiter constitutum, ex certis rationabilibus causis, *regimini dicti monasterii* in manibus dilecti filii nostri Raymundi, tituli Sancte Crucis in Jerusalem presbiteri cardinalis, *apud sedem apostolicam sponte cessit,* dictusque cardinalis cessionem hujusmodi, de mandato nostro facto sibi super hoc oraculo vive vocis, apud sedem predictam admisit ; nos dictum monasterium a dispendiis et incommodis que incurrere posset ex vacatione longinqua preservare volentes, cum nullus preter nos hac vice de provisione ipsius monasterii se intromittere possit, pro eo quod nos, diu ante vacationem hujusmodi, provisiones omnium monasteriorum tunc apud sedem predictam vacantium, et imposterum vacaturorum, dispositioni et ordinationi nostre duximus reservandas, decernentes ex tunc irritum et inane si secus super hiis a quoquam, quavis auctoritate, scienter vel ignoranter, contingeret attemptari ; post deliberationem quam de preficiendo eidem monasterio personam utilem ac etiam fructuosam habuimus cum nostris fratribus diligentem, *demum ad te abbatem monasterii Crociensis, dicti ordinis, Sistaricensis diocesis,* cui de multiplicium virtutum meritis apud nos laudabilia perhibentur testimonia, quique dictum monasterium Crociense hactenus laudabiliter gubernasti, et dictum monasterium de Sione scies et poteris feliciter gubernare, *direximus oculos nostre mentis.* Quibus omnibus debita meditatione pensatis, *de persona tua prefato monasterio de Sione,* de dictorum fratrum nostrorum consilio, auctoritate apostolica *providemus, teque illi preficimus in abbatem,* curam et administrationem ejusdem monasterii de Sione tibi in spiritualibus et temporalibus plenarie committendo. In illo qui dat gratias et largitur premia confidentes quod predictum monasterium de Saone, sub tuo felici regimine, gratia tibi assistente divina, grata suscipiet incrementa. Quocirca, discretioni tue per apostolica scripta mandamus quatenus onus regiminis dicti monasterii de Saone suscipiens reverenter, sic te in eo sollicite, prudenter et fideliter exercendo exhibeas studiosum, quod dictum monasterium de Saone, per laudabile tue diligentie studium, gubernatori provido et fructuoso administratori gaudeat se commissum, tuque, preter eterne retributionis premium, nostram et apostolice sedis benedictionem et gratiam exinde uberius consequi merearis. Datum apud Villam Novam, Avinionensis diocesis, VII. idus junii, anno septimo.

Arch. Vat. Innocent. VI. to. 21, fol. 56 v°.

26

*Provisions de Bertrand de Meischonesio pour l'évêché d'Apt.*

10 juillet 1348

Dilecto filio *Bertrando de Meischonesio*, electo Aptensi, salutem, etc. Sollicite considerationis indagine perscrutantes quam sit onusta periculis, quam plena dispendiis, quantaque secum incommoda pertrahat ecclesiarum vacatio diuturna, libenter operarias manus apponimus et studium efficax impertimur, ut viduatis ecclesiis pastores preficiantur ydonei et ministri providi deputentur, quorum suffulte presidiis et favoribus communite malignorum insultus non metuant, et pravorum non vereantur incursus, quin immo, auctore Domino, felicibus proficiant incrementis. Nuper siquidem ecclesia Aptensi *per obitum bone memorie Arnaldi, episcopi Aptensis,* qui in partibus illis diem clausit extremum, pastoris solatio destituta, nos vacatione hujusmodi fidedignis relatibus intellecta, intendentes hac vice eidem ecclesie, ne longe vacationis detrimenta subiret, de persona secundum cor nostrum ydonea providere, tandem post deliberationem quam super hiis cum fratribus nostris habuimus diligentem, *demum ad te canonicum ecclesie Mirapiscensis, in subdiaconatus ordine constitutum,* litterarum scientia preditum, morum et vite honestate decorum, in spiritualibus providum et in temporalibus circumspectum, ac aliis multiplicibus virtutum meritis, prout fidedignorum assertione percepimus, insignitum, *direximus oculos nostre mentis.* Quibus omnibus diligenti meditatione pensatis, *de persona tua eidem ecclesie Aptensi,* de dictorum fratrum consilio, auctoritate apostolica *providemus, teque illi preficimus in episcopum et pastorem,* curam et administrationem ejusdem Aptensis ecclesie in spiritualibus et temporalibus plenarie committendo. In illo qui dat gratias et largitur premia confidentes quod eadem Aptensis ecclesia, sub tuo felici regimine, gratia tibi assistente divina, prospere dirigetur, et salubria suscipiet incrementa. Jugum igitur Domini tuis impositum humeris suscipiens reverenter et suavi ejus oneri humiliter colla summittens, ejusdem Aptensis ecclesie sollicitam curam geras, gregem dominicum in illa tibi commissum doctrina verbi et operis informando, ita quod dicta ecclesia Aptensis gubernatori circumspecto et fructuoso administratori gaudeat se commissam, ac bone fame tue odor ex laudabilibus tuis actibus latius diffundatur, tuque, preter eterne retributionis premium, nostre benivolentie gratiam uberius valeas promereri. Datum Avinione, VI. idus julii, anno septimo.

Arch. Vat. Reg. 187. (Clem. VI. Comm. an. 7. lib. 3.) fol. 52 v°, ep. 126

27

*Provisions de Gui de Roussillon, pour l'évêché d'Avignon.*

23 mars 1411

Johannes, etc., dilecto filio Guidoni, electo Avinionensi, salutem, etc. Apostolatus officium... duce Domino, salubriter regere et feliciter gubernare. Dudum siquidem, per felicis recordationis Alexandrum papam V, predecessorem nostrum, in primordiis sui apostolatus, intellecto quod ecclesia Avinionensis, ordinis Sancti Augustini, cui dudum bone memorie Egidius, episcopus Avinionensis, dum viveret, preerat. per obitum ipsius Egidii qui extra romanam curiam diem clauserat extremum, vacaverat et vacabat, tunc idem predecessor cupiens eidem ecclesie sic vacanti utilem et ydoneam per apostolice sedis providentiam presidere personam, provisionem ipsius ecclesie ordinationi et dispositioni sue, ea vice, specialiter reservavit, decernens ex tunc irritum et inane si secus super hiis per quoscunque, quavis auctoritate, scienter vel ignoranter, contingeret attemptari. Postmodum vero, dicto predecessore, per eum de provisione ipsius ecclesie aliter non disposito, sicut Domino placuit, sublato de medio, nos divina favente clementia ad summi apostolatus apicem assumpti, ad hujusmodi provisionem, de qua nullus preter Romanum pontificem, hac vice, se intromittere potuit neque potest, reservatione et decreto obsistentibus supradictis, ne ecclesia ipsa longioris vacationis subjaceret incommodis, paternis et sollicitis studiis intendentes, post deliberationem quam de preficiendo eidem ecclesie personam utilem et etiam fructuosam cum fratribus nostris habuimus diligentem, *demum ad te abbatem monasterii Sancti Petri foris portam Viennensem, ordinis Sancti Benedicti, bacallarium in decretis et in sacerdotio constitutum,* cui de religionis zelo, vite munditia, honestate morum, spiritualium providentia et temporalium circumspectione, aliisque multiplicium virtutum donis, apud nos fidedigna testimonia perhibentur, direximus oculos nostre mentis. Quibus omnibus attenta meditatióne pensatis, de persona tua nobis et eisdem fratribus ob dictorum tuorum exigentiam meritorum accepta, eidem ecclesie, de dictorum fratrum consilio, auctoritate apostolica providemus, teque illi preficimus in episcopum et pastorem, curam et administrationem ipsius ecclesie tibi in spiritualibus et temporalibus plenarie committendo. Firma spe fiduciaque conceptis... Jugum igitur Domini... merearis. Datum Bononie, decimo calendas aprilis, anno primo.

Arch. Lateran. Reg. Joannis XXIII. 1410, an. 1, lib. 7, fol. 300.

28

## Vacance de l'évêché d'Avignon.

20 avril 1419

Martinus, etc., dilectis filiis Johanni de Puteo, preposito Carpentoratensi, et Ludovico de Fraxangis, decano Sancti Petri Avinionensis ecclesiarum, salutem, etc. Inter cetera quibus apostolicam decet intendere providentiam, id precipuam deposcit instantiam, ut ejus vigilantie studio singule, presertim cathedrales, ecclesie, ecclesiasticeque persone, preserventur a noxiis, et in spiritualibus et temporalibus votive prosperitatis (successibus) letentur, et que dispendii forent omnino subductis, ipse ecclesie et persone salubribus jugiter proficiant incrementis. *Cum itaque ecclesia Avinionensis pastore sit ad presens destituta,* nos, ne illa in hujusmodi spiritualibus et temporalibus detrimenta perferat prout ex debito nobis pastoralis incumbit officii, providere summis cupientes affectibus, et de vestris industria et circumspectione, quod ea que vobis incumbent, provide et diligenter exequi ac dirigere studebitis, spem fiduciamque sumentes, *vobis ecclesie predicte, quamdiu (hac) vice vacaverit, in eisdem spiritualibus et temporalibus, administrationem plenam et liberam auctoritate apostolica committimus,* vobisque ac vestrum cuilibet omnia et singula que, ratione dicte ecclesie, jurisdictionis episcopalis existunt, et que electus et confirmatus Avinionensis, *si quis esset,* facere exercereque posset, bonorum immobilium et pretiosorum mobilium ad mensam episcopalem Avinionensem spectantium, alienatione dumtaxat excepta, interim faciendi, gerendi, exercendi et excipiendi, plenam et liberam eadem auctoritate facultatem concedimus pariter et potestatem. Illa vero que ministerium cujuslibet consecrationis exposcunt, per antistites catholicos gratiam et communionem apostolice sedis habentes faciatis expedire. Non obstantibus... Nulli, etc. Si quis autem, etc. Datum Rome, apud Sanctos Apostolos, XII. kalendas maii, pontificatus nostri anno duodecimo.

Arch. Vat. Reg. 356 (Martin. V. Secret. lib. 6.) fol. 26.

# TABLE CHRONOLOGIQUE DES PIÈCES JUSTIFICATIVES



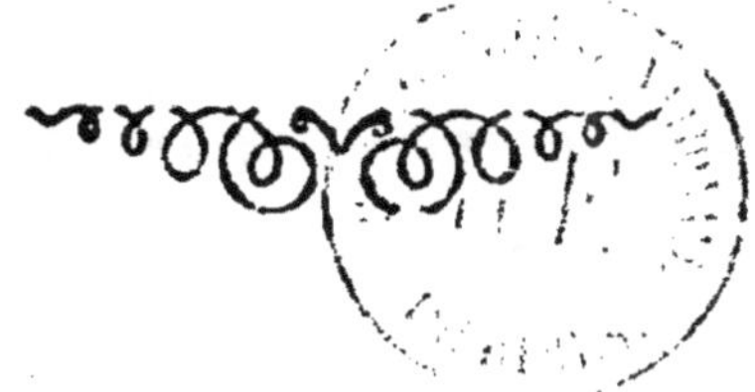

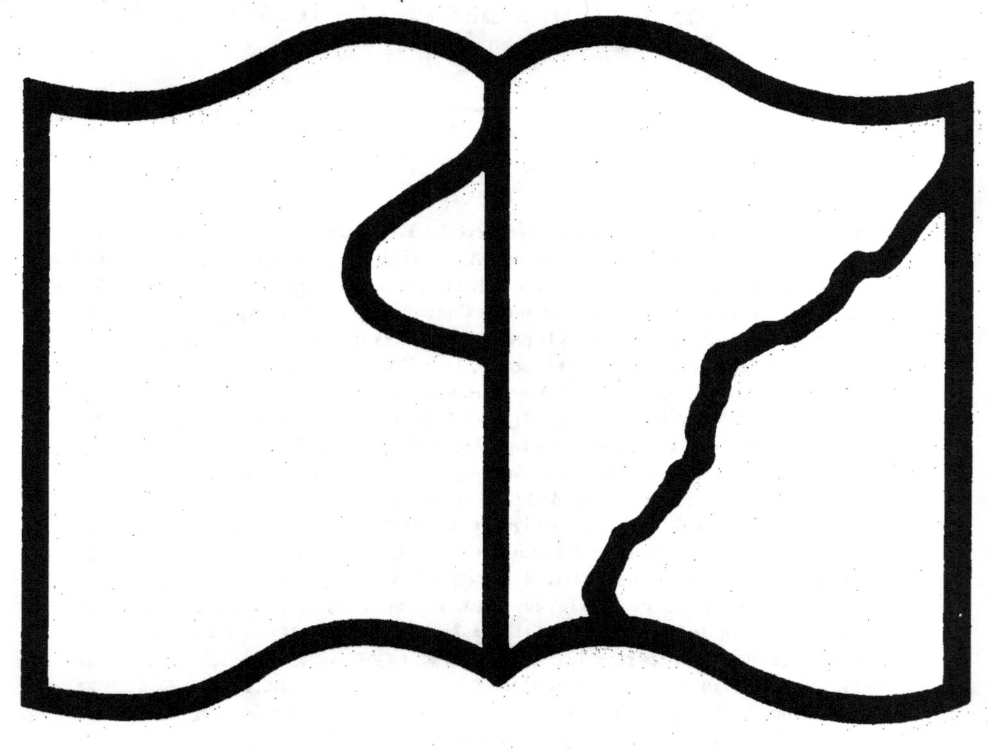

Texte détérioré — reliure défectueuse

**NF Z 43-120-11**